Hubert Kant

Das Ende der Eindeutigkeit

Systemisches Denken und Handeln
in der Unternehmensberatung

Hubert Kant

Das Ende der Eindeutigkeit

Systemisches Denken und Handeln
in der Unternehmensberatung

Schriftenreihe - Erfolgsfaktoren der Unternehmensberatung
Band 3

© 2000 Alle Rechte vorbehalten

RKW - Verlag

Düsseldorfer Straße 40
65760 Eschborn

RKW-Nr. 1409
ISBN 3-89644-156-6

Layout und Satz: RKW, Eschborn
Druck: Druck Partner Rübelmann, Hemsbach

Inhaltsverzeichnis

Vorwort		7
1	**Einleitung**	**9**
2	**Wurzeln des systemischen Beratungsansatzes**	**11**
2.1	Wie eindeutig ist eine Beratungssituation?	18
2.2	Ist ein Unternehmen ein System?	21
2.3	Der Unterschied, der einen Unterschied macht!	23
3	**Systematisch oder systemisch?**	**25**
3.1	Die Bedeutung von „Um-Welten"	28
3.2	Welche Rolle spielt der systemische Berater?	30
3.3	Systemische Beratungsdesigns	32
4	**Instrumente systemischer Beratung**	**35**
4.1	Um die Ecke fragen	35
4.2	Verändern durch Bewahren – paradox intervenieren	36
4.3	Umdeuten, oder was ist gut am Problem?	38
4.4	Arbeiten mit Metaphern	38
5	**Praxis der systemischen Unternehmensberatung**	**40**
5.1	Das Kontextinterview	40
5.2	Beraten mit zirkulären Fragen	43
5.3	Fallbeispiel 1	44
5.4	Fallbeispiel 2	48
6	**Resümee**	**52**
Literaturliste		54

Vorwort

Unternehmen und Berater im Spiegel des Marktes

Unsere Wirtschaftswelt wäre ohne „Consulting" nicht, was sie ist. Beratung heißt, Unternehmen immer wieder umzubauen, sie strukturell zu verändern und effizienter zu machen, damit sie im Wettbewerb bestehen. Daher wird qualifizierte Unternehmensberatung künftig noch gefragter sein - in erster Linie bei kleinen und mittleren Unternehmen, die im Zuge der Internationalisierung besonders unter Druck geraten.

Das Potential für Unternehmensberatung war noch nie zuvor so groß, und die Dynamik der Branche wird weiter anhalten. Zugleich verschärft sich der Wettbewerb unter den Beratern selbst: Jährlich kommen zu den über 50.000 etablierten mehrere hundert neue hinzu; auch Banken, Großunternehmen und sogar Universitäten drängen in diesen viel versprechenden Markt.

Für die Rat suchenden Unternehmen bedeutet dies eine immer geringere Markttransparenz. Zudem engagieren sie externe Berater meist erst, wenn es ernste Probleme gibt und schnell reagiert werden muß. Die Fähigkeiten des Beraters sind dann von weitreichender, ja existenzieller Bedeutung für das Unternehmen.

Ein Dilemma: Die Unternehmensberatung ist prinzipiell eine verantwortungsvolle Dienstleistung, die hohen Ansprüchen genügen muß. Andererseits sind Berufsbezeichnung und Ausbildung der Berater ebenso wenig definiert, wie Qualitätsstandards für Arbeitsweise und Leistungsfähigkeit. Ob ein Berater geeignet, ob er überhaupt seriös ist, ist für das Unternehmen oft schwer zu beurteilen - oder erst, wenn es zu spät ist.

Was folgt daraus für den Unternehmensberater? Eine Herausforderung, die zugleich Chancen eröffnet! Denn Kompetenz und Professionalität entscheiden auch in Zukunft über den Erfolg, und für den Berater lautet die Kernfrage:

> Wie schaffe ich es, mich zu profilieren?
> Die wichtigste Antwort heißt *Qualifizierung*.

Die Zeiten ändern sich: Konnte sich das klassische Consulting bislang noch auf abgrenzbare Sachgebiete und einzelne Unternehmensbereiche beschränken, so ist das „Schubladen-Denken" heute überwunden. Auch tritt die Rationalisierungsberatung immer mehr in den Hintergrund - stattdessen prägen Wachstumsorientierung und das Denken in Werten die immer komplexer werdenden Beratungsaufgaben. Aufgaben, für die es keine Standardlösungen gibt und die ein Berater nur bewältigen kann, wenn er es versteht, Veränderungsprozesse zu gestalten und Mitarbeiter zu motivieren. Dazu ist über die Fachexpertise hinaus ein hohes Maß an methodischer Kompetenz, an persönlichen und sozialen Fähigkeiten erforderlich.

Eine Entwicklung, die nicht erst seit gestern absehbar war - und so entschloß sich das RKW Baden-Württemberg schon 1994, die Berater-Akademie (BeA) zu gründen; damals ein „Pionier" in Sachen Unternehmensberatung und Beratungsmethodik.

Nicht zuletzt deshalb genießen die Abschlüsse der Berater-Akademie einen hervorragenden Ruf und setzen Standards im bislang unübersichtlichen Markt. Die BeA-Qualifikation hat schon vielen Beratern Türen geöffnet - ganz besonders bei mittelständischen Unternehmen, für die das RKW als kompetenter Beratungspartner seit langem ein fester Begriff ist.

Die blaue Reihe der Berater-Akademie ergänzt die Qualifizierungsangebote. Unterschiedlichste Trainer und Referenten sowie Beratungsexperten geben einen Überblick über die Unternehmensberatungsbranche.

Stuttgart, im Juli 2000

Die Berater-Akademie
RKW Baden-Württemberg

RKW - Rationalisierungs- und Innovationszentrum der Deutschen Wirtschaft e.V.

1 Einleitung

Segen oder Fluch, wie man es sehen will, für viele Unternehmen gehört es zur Gewohnheit, daß sie bestimmte Fragestellungen zusammen mit Beratern oder Beraterinnen bearbeiten. Ein Segen kann Beratung dann sein, wenn sich Probleme ohne Berater nicht oder nur mit erheblichem Mehraufwand lösen lassen. Von Fluch wird man dann reden, wenn die Berater einen Beitrag dazu leisten, die Probleme zu vergrößern oder wenn sie mit ihren Vorschlägen nicht gelöst werden können. Berater können auch dann problematisch sein, wenn sie Aufgaben übernehmen, die eigentlich von der Führung wahrgenommen werden sollten. Da sie in der Regel nur auf Zeit im Unternehmen sind, sollten sie möglichst wenige Aufgaben übernehmen, die zur ständigen Pflicht im Unternehmen gehören. Ob hilfreich oder fragwürdig, die Zunft der Berater ist aus dem heutigen Geschäftsleben nicht mehr wegzudenken.

Das Bild und die Erwartungen, was Berater leisten sollen, hat sich jedoch stark verändert. Noch vor wenigen Jahren war die Basis eines Unternehmensberaters technisches oder betriebswirtschaftliches Know-how. Er hatte Wissen, das den Unternehmern, Geschäftsführern oder Führungskräften fehlte, um ihre Arbeit optimal zu erledigen. Berater lebten davon, dieses Wissen zu verkaufen. Heute, in Zeiten, in denen Wissen nahezu unbegrenzt zur Verfügung steht (Internet, Transfereinrichtungen, Datenbanken usw.), könnte man meinen, daß Berater dadurch überflüssig würden. Der Markt spricht allerdings eine andere Sprache, er wächst dynamisch. Also, warum braucht man heute Berater mehr denn je und was sollten sie leisten? Neben fachlichem Wissen wird heute eine spezifische Beratungskompetenz gefordert, die dazu dient, ein Unternehmen fit für notwendige Veränderungen zu machen. Dies funktioniert in der Regel nicht mit standardisierten Methoden und Verfahren. Jedes Unternehmen hat seine eigene Struktur und Kultur, die es zu berücksichtigen gilt. In einer qualifizierten Beratung werden Maßnahmen nie beliebig verordnet, sondern ihre Umsetzung steht in einem wohlüberlegten Zusammenhang zum gesamten Unternehmen. Doch was könnte an dieser Stelle wohlüberlegter Zusammenhang heißen? Was alles muß dabei beachtet werden?

Das Geschäft der Berater ist nicht einfacher geworden, im Gegenteil. Obwohl für identifizierte Probleme Lösungen längst parat wären, hapert es daran, sie zu realisieren. Mannigfaltige Barrieren erschweren oder verhindern sogar das Richtige zu tun. Ein großer Teil der Beratung besteht heute darin, für existierende Lösungen einen Weg zu bahnen. Darauf sind viele Berater nicht vorbereitet. Sie sind es eher gewohnt, ihre Konzepte und Ideen zu präsentieren mit der Hoffnung, daß sie aus sich heraus überzeugend wirken. Leider müssen wir immer wieder beobachten, daß solche Prozesse nicht von der reinen Vernunft gesteuert sind. Vieles von dem was passiert oder was nicht passiert, erscheint einem unverständlich oder sogar unvernünftig. Warum wird das Naheliegende nicht getan? Weshalb geschieht notwendige Veränderung nicht selbstverständlich oder viel zu langsam? Warum wissen die Verantwortlichen im Betrieb nicht selbst, was zu tun ist und sorgen für angemessene Realisierungen? Je nach dem von welcher Warte aus man versucht diese Fragen zu beantworten, sind unterschiedliche Aussagen wahrscheinlich. Der Unternehmer könnte sagen, daß er zu vielem schlicht keine Zeit hat, die MitarbeiterInnen könnten sagen, daß der Chef sich nicht traut, der Berater würde sagen, daß entsprechende Konzepte fehlen usw. Vermutlich hätten alle dabei ein bißchen Recht, ohne jedoch die einzige Wahrheit für sich pachten zu können, auch der Berater nicht! Dies zwingt uns zu einer neuen Denk- und Sichtweise für Probleme. Der systemische Ansatz in der Unternehmensberatung sucht Antworten, wo die Eindeutigkeit verloren gegangen ist. Damit soll aber nicht die These aufgestellt werden, daß mit einem systemischen Beratungskonzept Eindeutigkeit wieder herstellbar wäre. Vielmehr bietet der systemische Ansatz eine beraterische Strategie, wie immer komplexer werdende Unternehmensprozesse zu verstehen sind und wie sie gesteuert werden können. Das systemische ist dabei weniger eine Frage der Methoden und Instrumente, sondern eher eine Frage des beraterischen Verhaltens. Dahinter verbirgt sich ein neues Bild und ein neues Verständnis des Unternehmensberaters. Dies steht in dieser Schrift zur Diskussion.

All die hier beschrieben Gedanken sind von einem Praktiker verfaßt worden, in der Hoffnung, sie sind für andere PraktikerInnen anregend und nützlich zugleich, wenn sie nach erfolgreichen Problemlösungen für ihre Kunden suchen. Die fachwissenschaftlichen Betrachtungen kommen deshalb eher zu kurz. Die Literaturliste am Ende gibt aber reichlich Hinweise, um diesen Part sinnvoll zu ergänzen.

2 Die Wurzeln des systemischen Beratungsansatzes

Der systemische Ansatz in der Unternehmensberatung ist genau genommen so (noch) nicht beschreibbar. Vieles ist recht neu und viel Arbeit in diesem Zusammenhang muß erst noch geleistet werden. Eigentlich sind systemische Denkweisen in ganz anderen Zusammenhängen wie Unternehmensberatung entstanden. Aus ganz unterschiedlichen wissenschaftlichen Disziplinen wurden Anregungen für die Unternehmensberatung zusammengetragen und entsprechend angepaßt. Dieser Prozeß ist nach wie vor im Gange und läßt auf weitere spannende Ergebnisse hoffen. Von diesen aktuellen Diskussionen und von den unterschiedlichen Wurzeln der systemischen Beratung soll zunächst die Rede sein.

Erste Wurzel - Familienberatung

Systemische Denkweisen, bzw. die wissenschaftlichen Grundlagen dazu, sind in der Familienberatung erstmalig beschrieben und angewendet worden. Die Mailänder Psychologenschule um Silvini-Palazola arbeitete mit schizophrenen Jugendlichen und fand heraus, daß ihre Patienten am besten dann geheilt werden konnten, wenn das soziale Umfeld der Kinder in der Therapie berücksichtigt und mit einbezogen wurde. Es wurde nachgewiesen, daß ein Familienproblem manchmal nicht gelöst werden konnte, indem man das verhaltensauffällige Kind aus der Familie entfernte. Danach zeigte plötzlich ein anderes Kind der Familie das problematische Verhalten. Also mußte die Ursache hierfür woanders gesucht werden. Sie wurden im „System Familie" gefunden. Unterschiedliche Faktoren trugen dazu bei, daß das unerwünschte Verhalten sichtbar wurde. Die gesamte Familie, samt ihrem Umfeld war Träger der Ursachen. Ähnliche Beobachtungen kann man auch auf der betrieblichen Ebene machen. Wenn es einem Inhaber gelungen ist, sich von einem Mitarbeiter zu trennen, der den Anforderungen nicht entsprochen hat, kann es sein, daß nach kurzer Zeit ein andere Mitarbeiter dessen Rolle übernimmt. Die Forscher konnten damit zeigen, daß Fehlverhalten kein ausschließlich individuelles oder genetisches Problem darstellt, sondern nur im Rahmen des sozialen Kontextes erklärbar und lösbar ist. Der soziale Kontext wurde als System beschrieben (siehe hierzu Bateson 1977). Die dazu gehörende Systemtheorie stellte eine neue Möglichkeit dar, menschliches Verhalten zu verstehen und zu erklären. Es war eine äußerst nützliche Ergänzung der Freudschen Individualpsychologie. Über manche Umwege haben diese Gedanken auch in der Unternehmensberatung gefruchtet. Viele Unternehmensberater haben es gelernt, daß Probleme nicht nur eindimensional betrachtet werden dürfen, z.B. rein wirtschaftlich. Alle Einflüsse, die auf einen Beratungsprozeß wirken können, bezeichnen wir als Umwelten, z.B. eine Abteilung, mit der andere Zusammenarbeiten müssen, oder der Wettbewerber am Markt, der Betriebsrat, aber auch die Firmenkultur, Mentalitäten und das technologische Umfeld. Es kommt darauf an, einen Faktor als Umwelt zur Fragestellung zu identifizieren und in die Beratungsstrategie einzubauen.

Wissenschaftlich wird der systemische Ansatz in der Unternehmensberatung erst in jüngster Zeit begründet (König, Schmid, Probst, Ulrich u.a.). Soweit der kleine Ausflug in die Familienberatung.

Zweite Wurzel - Sozialforschung

Der zweite Ausflug geht in die modernere Sozialforschung. Ich möchte den Aspekt, der für den systemischen Beratungsansatz am wichtigsten ist, anhand einer typischen Situation aus der Beratungsarbeit aufzeigen: Die Problemanalyse. Wenn der Berater einen Auftrag erteilt bekommen hat, dann untersucht er zunächst das Unternehmen oder Teile davon. Nach eingehender Analyse diagnostiziert er eines oder mehrere Probleme. Er überlegt sich auch, welche plausiblen Erklärungen er dafür finden kann. Auf dieser Basis versucht er Lösungen zum Problem zu entwickeln.

Eine der wichtigsten Entdeckungen der jüngeren Sozialforschung war, daß wir bei diesen „Erklärungen" stets bestimmte Modelle zugrunde legen, mit denen wir die vorgefundene Situation zu deuten versuchen. Es gibt unterschiedliche grundsätzliche Ansätze die wir dabei bewußt, meistens aber unbewußt anwenden:

- Das Eigenschaftsmodell: menschliches Tun erklärt sich über stabile Eigenschaften.

- Das Maschinenmodell: ein geeigneter Reiz löst gewünschtes Verhalten aus.

- Das systemische Modell: menschliches Verhalten wird entscheidend durch Rückkopplungen mit dem Umfeld bestimmt.

Anmerkungen zum Eigenschaftsmodell:

Ein Berater, der seiner Unternehmensdiagnose das Eigenschaftsmodell zugrundelegt, formuliert beispielsweise folgende typische Erklärungsmuster:

- Neue Technik wird nicht eingesetzt, weil der Betriebsleiter unflexibel ist!

- Der Meister ist von Natur aus unmotiviert!

- Das Unternehmen steht nur deswegen so gut da, weil der Unternehmer ein Visionär ist!

- Gruppenarbeit funktioniert in diesem Falle nicht, weil die MitarbeiterInnen nicht teamfähig sind!

Beim Eigenschaftsmodell wird davon ausgegangen, daß die Menschen in vergleichbaren Situationen vergleichbares Verhalten zeigen werden, das Verhalten aber auch auf andere Situationen übertragbar ist. Zudem läßt sich daran nur schwerlich etwas ändern, es bleibt also über einen längeren Zeitraum stabil. Obwohl dieses auf Eigenschaften basierende Modell in vielen Fällen zu richtigen Beschreibungen von Verhalten führt, gilt es doch nicht immer. Ein unmotivierter Mitarbeiter wird in eine andere Abteilung „gelobt" und wirkt dort wie ausgewechselt. Andere Kollegen, ein anderer Chef, neue Aufgaben usw. verursachen einen Motivationsschub, den niemand erwartet hätte, auch der Mitarbeiter selbst nicht. Diese Veränderungen im Menschen versucht ein anderes Modell zu beschreiben.

Anmerkungen zum Maschinenmodell:

Im scharfen Gegensatz zum Eigenschaftsmodell geht man beim Maschinenmodell davon aus, daß menschliches Verhalten fast beliebig veränderbar sei. Die Grundidee ist die, daß ein geeigneter Reiz zu gewünschtem Verhalten führt. Ganze Motivationstheorien begründen sich darauf. Es gab und gibt noch immer Führungskräfte, die davon ausgehen, daß mehr Geld die Motivation der MitarbeiterInnen steigert. Oder, einem Verkäufer, der die Abschlußtechnik nicht beherrscht, dem wird diese durch Training beigebracht. Menschen die so denken, wenden andere typische Erklärungsmuster an:

- Der Meister hat zuwenig und die falschen Informationen, deshalb trifft er verkehrte Entscheidungen!

- Wäre mehr Geld für Investitionen vorhanden, dann könnte das Problem gelöst werden!

- Die neue Technik funktioniert nicht, weil die MitarbeiterInnen nicht genügend geschult wurden!

Aber auch dieses Modell hat seine Grenzen. Nicht immer löst ein Reiz eine erwartete Reaktion aus. Ein Mitarbeiter wird von seinem Chef für sein Engagement gelobt. Dieser „Reiz" müßte nach der Theorie des Maschinenmodells dazu führen, daß der Mitarbeiter in seinem Arbeitseifer angespornt wird und es zu abermaliger Leistungssteigerung kommt. Wie wir alle wissen, kann dies tatsächlich so eintreten. Es ist aber auch gut möglich, daß der Mitarbeiter über das erhaltene Lob gründlich nachdenkt und zur Schlußfolgerung kommt, dieses Lob dient hauptsächlich dazu, das schlechte Gewissen des Vorgesetzten zu beruhigen, weil die letzte Gehaltserhöhung schon drei Jahre zurückliegt. In diesem Fall löst das Lob eine gänzlich andere Reaktion aus. Immer wieder können wir beobachten, daß Menschen über das Erlebte nachdenken und dann in nicht exakt vorhersehbarer Art und Weise reagieren. Dies führt zum dritten Modell, wie menschliches Handeln erklärt werden kann.

Anmerkungen zum systemischen Modell:

Egal ob wir es mit technischen, biologischen oder sozialen Systemen zu tun haben, gemeinsames Merkmal ist, daß ein Verständnis, wie diese Systeme funktionieren, erst dann möglich wird, wenn man von linearen Denkstrukturen abläßt. Ein Konflikt in einem Team löst sich häufig nicht auf, wenn ein Sündenbock gefunden wurde. Erst wenn es gelingt herauszufinden, warum ein Fehler begangen wurde, läßt sich das Problem lösen. Die Frage nach dem warum kann dabei sehr vielschichtig sein. Nach diesem Modell also reagieren Menschen weder aus einer vererbten Disposition heraus, noch folgen sie einem einfachen Reiz-Reaktionsschema. Menschen sind handelnde Subjekte, die sich Gedanken über sich, über ihre Fähigkeiten und Vorlieben machen, sie setzen sich Ziele und haben subjektive Erklärungen, warum etwas funktioniert oder eben nicht. Wahrnehmungen werden zu einem subjektiven Bild zusammengefügt das als Grundlage für Handeln benutzt wird.

Systemisch denkende Menschen versuchen sich Probleme in einem erweiterten Kontext zu erklären:

- Wenn eine neue Technik installiert würde, welche zusätzlichen Probleme könnte das wohl bringen?

- In welchen Fällen genau trifft der Meister falsche Entscheidungen, wann trifft er richtige?

- Mit welchen Maßnahmen habe ich gute Voraussetzungen, die Einführung von Gruppenarbeit zum Scheitern zu bringen? Wenn ich darum weiß, kann ich die erfolgversprechenden Dinge tun!

- Wer bestimmt darüber, wann eine Maßnahme erfolgreich ist?

Völlig neu sind diese Grundgedanken allerdings nicht. Letztlich stammen sie vom großen deutschen Philosophen: Immanuel Kant. Gestatten Sie mir einen weiteren kleinen Ausflug in dessen Welt. In Kant´s Philosophie wird beschrieben, daß die Dinge an sich keinen Sinn erzeugen können. Erst der Mensch, wenn er sich mit den Dingen befaßt, generiert einen Sinn. Wir können demnach keine wirklichen Realitäten erkennen (jetzt wollen wir mal den Realitäten ins Auge schauen), sondern weisen Beobachtungen und Wahrnehmungen eine Bedeutung zu! Auf den Punkt gebracht: die Menschen machen sich ein Bild von der Wirklichkeit, im Gegensatz zu Annahme, Wirklichkeit könnte eindeutig beschrieben werden. In letzter Konsequenz heißt dies, daß es so viele Wirklichkeiten gibt wie Menschen, die sich mit einer Situation befassen. Gott sei Dank ist es in der Praxis so, daß wir immer wieder Menschen treffen, die zu gleichen oder ähnlichen Beurteilungen kommen wie wir selbst. Dies hängt wohl damit zusammen, daß ähnliche Erfahrungen und Einstellungen vorliegen.

Dritte Wurzel Kybernetik

Kybernetik ist die Lehre vom Zusammenspiel der Dinge, so könnte man den Fachbegriff mit einer anschaulichen Umschreibung definieren. Das bestimmende Element dieser Theorie ist der Regelkreis. Von einem Regelkreis spricht man dann, wenn die einzelnen Faktoren sich gegenseitig beeinflussen. Uns interessiert in diesem Zusammenhang, wie und welche Faktoren menschliches Handeln beeinflussen. Mit dieser Wissenschaftsdisziplin soll erklärt werden, wie Sachverhalte, Beobachtungen, Wahrnehmungen usw. miteinander verbunden sind. Beratern eröffnet diese Disziplin einen hilfreichen Zugang zur Frage, wie Interpretationen im menschlichen Hirn entstehen. Wie bereits erwähnt, geschieht dies nicht mit einer einheitlichen Logik. Wie Menschen eine Situation verstehen, hängt davon ab, wie die aufgenommenen Informationen verarbeitet und interpretiert und welche Informationen überhaupt wahrgenommen werden. Bei diesem Prozeß im Kopf entstehen oft unterschiedliche Sichtweisen. Paul Watzlawik, ein Österreichischer Psychologe, fragt deshalb in einem seiner Bücher: „Wie wirklich ist die Wirklichkeit". Mit einem Beispiel aus meiner Praxis möchte ich das veranschaulichen.

In einem Unternehmen stellt sich folgendes Problem: Die Durchlaufzeiten für eine Bestellung müssen halbiert werden. Vergleiche mit den wichtigsten Konkurrenten haben ergeben, daß darin ein wesentlicher Schwachpunkt des Unternehmens besteht. Eine Untersuchung im Unternehmen, ergab ein höchst uneinheitliches Bild:

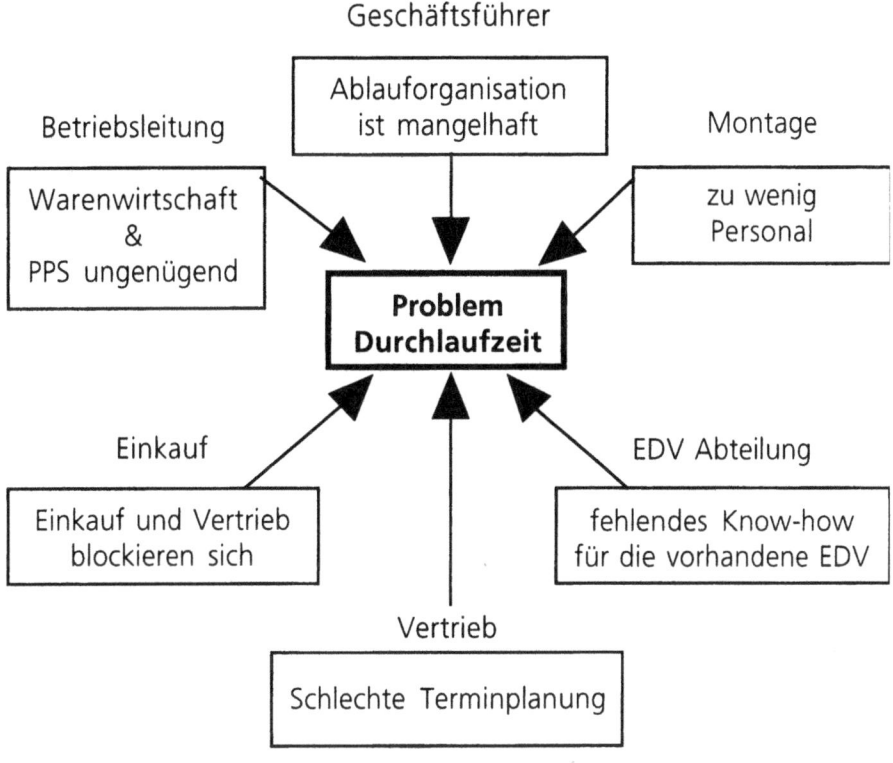

Bild 1: Probleme der Durchlaufzeit

Jeder betrachtet das Problem aus seiner Perspektive und findet dazu plausible Erklärungen. Es ist sogar so, daß die einzelnen Abteilungen ihre Erklärungen nur im Zusammenhang mit der Sichtweise der Nachbarabteilung finden. „Der Vertrieb wurde personell stark aufgestockt, weil der das Lieblingskind vom Chef ist. Nur deshalb bekommt die Montage nicht mehr Personal". Diejenigen, die aus der Praxis kommen wissen, daß diese Vieldeutigkeit nicht auf einen Aspekt unter breiter Zustimmung der Beteiligten reduziert werden kann. *Die eine objektive Wahrheit gibt es daher nicht!* Wir haben es mit einer Vielzahl von *subjektiven Deutungen* zu tun, die in der Regel durchaus ihre Logik und ihre Berechtigung haben.

Die einzelnen Einflußgrößen und Faktoren eines Betriebs beeinflussen sich ständig und zwar auf nicht exakt vorhersehbare Art und Weise. Wenn ein Berater in einem Unternehmen arbeitet, gehört er auch zu diesen Einflußgrößen, die beeinflussen und beeinflußt werden. Denken Sie nur daran, wenn Sie eine Multi-Moment-Aufnahme in einem Betrieb durchführen, wer gibt Ihnen Gewißheit, daß das, was Sie beobachten, dem täglichen Arbeitsrhythmus entspricht? Oder was glauben Sie, wie sich ein Arbeiter verhält, wenn ein Refa-Mann Zeiten an seinem Arbeitsplatz mißt? Ich will damit verdeutlichen, daß sich der Zustand eines sozialen Systems verändert, wenn ein Berater es von außen beobachtet. Deshalb ist die Tatsache, daß ein Berater sich der Probleme annimmt, bereits die erste Intervention. Alleine die Ankündigung, daß jetzt das Unternehmen von einem Externen beraten wird, kann dazu führen, daß sich Verhaltensweisen der Mitarbeiter verändern. Fallen ihnen dazu Beispiele ein? Aber nicht nur dadurch wird eingegriffen. Noch viel wichtiger sind die Rückkoppelungen innerhalb des Systems. In diesem Zusammenhang sei an den berühmten Pygmalion-Effekt erinnert: Es wurde verkündet, daß bestimmte Leute aufgrund von wissenschaftlichen Beobachtungen als Potenzialkandidaten ausgesucht wurden. Tatsächlich erfolgte die Auswahl nach dem Zufallsprinzip. Schon diese Ankündigung bewirkte aber, daß sich das Leistungsverhalten signifikant veränderte. Beispiele aus meiner Beratertätigkeit: Ein eher unauffälliger Mitarbeiter wächst angesichts der Krankheit des Gruppensprechers weit über sich hinaus, eine ungerecht empfundene Einzelentscheidung demotiviert eine ganze Abteilung usw. Das Zusammenspiel vieler Faktoren und deren gegenseitige Beeinflussung bestimmen das Geschehen im Beratungsprozeß.

2.1   Wie eindeutig ist eine Beratungssituation?

Unsere Gegenwart wird noch immer von einer mehrere hundert Jahre alten Weltsichtweise geprägt, die auf den französischen Philosophen Rene Decartes zurückgeht. Dieser beschrieb, sehr verkürzend dargestellt, die Welt als eine Maschine, die nach genauen Gesetzmäßigkeiten funktioniert. Demnach gibt es für alle Phänomene eine eindeutige Erklärung. Für Fälle, in denen das nicht der Fall war, galt, daß der Wirkungsmechanismus noch nicht genau genug erforscht wurde. Auch der Mensch wurde als Organismus beschrieben, der wie die Räder einer Uhr aufgebaut ist. Sollte einmal ein Organ nicht mehr gut funktionieren, so wird es durch ein anderes ersetzt. Die heutige Transplantationsmedizin wird von diesem Gedanken getragen. Auch bei der Lösung von Unternehmensproblemen wird häufig nach diesem Muster verfahren. Dazu eine typische Situationsbeschreibung:

Als Ausgangspunkt für eine Beratung finden wir meist ein Problem vor. Ein Unternehmer stellt fest, daß es an einer Stelle in seinem Betrieb nicht optimal läuft, oder die betriebswirtschaftlichen Zahlen machen ein rasches Handeln notwendig. Normalerweise werden die Probleme von den Verantwortlichen selbst in die Hand genommen und gelöst. In einigen Fällen jedoch gelingt dies mit eigenen Mitteln nicht oder nicht gut genug. Manchmal erscheint auch das Unterfangen als zu heikel. Dann sind andere Strategien gefragt: Berater werden gerufen.

Der Berater ist deshalb Berater, weil er Rat wissen sollte, oder anders ausgedrückt, er sollte eine zum Problem passende Lösung generieren können. Bevor Lösungen vorgeschlagen werden können, erfolgt in der Regel im ersten Schritt eine Problembeschreibung durch den Berater. Er erhebt Daten, führt Interviews, besichtigt den Betrieb, analysiert Dokumente usw. Als Ergebnis seiner Recherchen stellt er eine Diagnose, aufgrund derer er spezifische Maßnahmen verordnet, die das Problem beheben sollen. Dies kann er tun, weil er entsprechendes Knowhow hat und weil er über Erfahrungen verfügt, die er in anderen Fällen hat sammeln können.

Diesem Ansatz, so wie er in aller Kürze hier geschildert wurde, liegt eine Annahme zugrunde, die ich an dieser Stelle zuspitzen möchte. Berater, die so oder so ähnlich vorgehen, sind meist unausgesprochene Anhänger einer Theorie, die im Vorherigen als Maschinenmodell beschrieben wurde. Man weiß im vorhinein was passieren wird, wenn eine empfohlene Maßnahme in der vorgeschlagenen Weise umgesetzt wird. Beispiel: Wenn der Einkauf mit den Lieferanten entsprechend verhandelt, sind Kosten in Höhe von 15% einsparbar oder: Der Einsatz von neuer Technologie spart 30% der Personalkosten. Die innere Logik dieses Vorgehens besagt, wenn ich A tue, so erreiche ich B. Daß dem leider nicht immer so ist, wissen wir alle und wird in besonders drastischer Weise vom Heizer auf der E-Lock bestätigt. Bitte prüfen Sie selbstkritisch einmal nach, wie oft Ihre Erwartungen auf Beratungsempfehlungen wirklich eingetroffen sind und welche Überraschungen Sie schon erleben durften! Man kann einwenden, daß es natürlich auch sein kann, daß die Diagnose am Anfang des Prozesses falsch gestellt wurde und deswegen Probleme mit den Zielen auftraten. Ja, solche Fälle gibt es! Aber, wie kann ich sicher sein, daß meine Diagnose richtig ist? Als vorsichtiger und gewissenhafter Mensch überprüfe ich meine Ist-Analyse beispielsweise in der Form, daß ich Kollegen bitte, sie auf Plausibilität zu prüfen oder ich arbeite in einem Beratungsteam, in dem das Vielaugen-Prinzip gilt. Die Wahrscheinlichkeit, damit die Trefferquote zu erhöhen, steigt sicherlich an. Aber selbst dann verläuft ein Prozeß ganz anders als geplant. Immer neue Informationen tauchen auf, die in die laufende Beratung integriert werden müssen. Am Ende mag die Beratung zwar erfolgreich gewesen sein, aber die ursprüngliche Planung wurde ordentlich durcheinander gewirbelt. Es ist enorm schwierig eine Ausgangssituation als gegeben oder eindeutig einzustufen. Ich möchte sogar so weit gehen, daß sich durch die Untersuchungen des Beraters die Ausgangslage bereits wieder verändert. Die schon genannte Refa-Beratung veranschaulicht diese These.

Angenommen, Sie stimmen dieser Sichtweise zu, was ist dann der Nutzen für die Beratungssituation? Was wird dadurch anders? Wenn eine Situation nicht eindeutig ist, dann gibt es auch keine eindeutigen Handlungsanweisungen. Anders ausgedrückt: der Berater muß nicht in jedem Fall und sofort eine Lösung parat haben. Das kann sehr entlastend wirken. Erst im Beratungsprozeß entstehen Lösungsalternativen! Unsere Kunden spielen dabei eine entscheidende Rolle. Systemische Beratung von Unternehmen geschieht eher auf der Basis, nach Lösungen zu suchen, ohne zu wissen, was genau dabei herauskommen wird. Das mag dem einen oder dem anderen etwas zu vage klingen, vielleicht hören Sie sogar heraus, daß der Berater nicht Willens ist, Verantwortung zu übernehmen, für das, was er dem Unternehmen rät. Das wäre natürlich fatal und unprofessionell. Aber das umgekehrte ist nicht weniger gefährlich. Wenn wir uns hinstellen und sagen, dies oder jenes muß getan werden, suggerieren wir unseren Kunden Sicherheit, die es eigentlich gar nicht geben kann. Trotzdem erwarten viele Kunden genau das vom Berater. Sie sind froh, wenn der Berater zusichert, daß mit seinen Vorschlägen ein Problem beseitigt werden kann. Werden die Erwartungen aber erst einmal enttäuscht, weil Unvorhergesehenes passiert oder weil das Unternehmen ganz anders als erwartet reagiert, so dreht sich vieles nur noch darum nachzuweisen, wer Schuld am Mißlingen hat. Konstruktive Arbeit wird dann extrem erschwert. Systemische Berater reden mit ihren Kunden offen darüber, was passieren kann, wenn eine geplante Maßnahme nicht greift. Die Erwartungshaltungen der Kunden werden dadurch sehr viel realistischer. Der systemische Berater geht auch davon aus, das eine diagnostizierte Ausgangssituation nur für sehr kurze Zeit ganz stimmig bleibt. Danach passieren Dinge, die zu einer neuen Ausgangssituation führen. Denken Sie nur einmal daran, was es bewirken kann, wenn eine Maßnahme, die bislang mit Priorität 1 behandelt wurde ergänzt wird durch Ihr Konzept, das mit der selben Priorität versehen wird. Aus Erfahrung wissen wir, daß dadurch für viele Betroffene eine neue Situation entsteht und mindestens eine der Maßnahmen Gefahr läuft, zu versanden.

Um die Frage aus der Kapitelüberschrift zu beantworten: Eindeutige Beratungssituationen sind gefährliche Verengungen einer Ausgangslage durch die Sicht des Beraters. Das kann man damit belegen, wenn man von Kunden angefragt wird, bei denen andere Berater bereits gescheitert sind. Auch diese werden von der Richtigkeit ihres Tuns überzeugt gewesen sein.

2.2 Ist ein Unternehmen ein System?

Die eingangs zitierte Sozialwissenschaft spricht gerne dann von einem System, wenn Menschen zusammen an einer Frage arbeiten, ein gemeinsames Ziel verfolgen und gleichartige Interessen vertreten. Der Systemgedanke setzt darüber hinaus voraus, daß Teile des Systems, sogenannte Subsysteme, miteinander Informationen austauschen können (sie kommunizieren miteinander). Für die Sozialforschung war dies ein äußerst fruchtbares Modell und brachte viel Verständnis darüber, wie Menschen etwas miteinander tun können. Nun ist aber ein Betrieb doch eine ganz andere Sache, wie beispielsweise ein Stadtviertel, in dem Gewerbe, Wohnen und Verwaltung nebeneinander existieren. Solch ein Viertel wäre für die Sozialforscher ein typisches System, mit unterschiedlichen Ausgangs- und Interessenslagen. Der Forscher kann mit seinem systemischen Modell beschreiben, wie die einzelnen Teile sich ergänzen können und an welchen Stellen eventuell mit Konflikten zu rechen ist. Natürlich ist ein Betrieb eine andere Sache und doch werden auch Parallelen deutlich. Jedes Unternehmen hat eine innere Struktur (Produktion, Einkauf, Vertrieb, Forschung, Verwaltung usw.) Die einzelnen Abteilungen stehen in Verbindung zueinander und an einem gemeinsamen Ziel sollten sie auch arbeiten. Nun gut, wenn es diese Parallelen gibt, welchen Nutzen hat man davon in einer Beratungssituation?

Eine ganz wesentliche Erkenntnis aus der Systemforschung besteht darin, daß die Dinge in einem System nicht isoliert betrachtet werden können, sondern voneinander abhängig sind und sich gegenseitig beeinflussen. Daraus leitet sich eine Grundthese ab. Probleme, seien sie technischer, organisatorischer oder personeller Natur, lassen sich nicht wirklich lösen, wenn man seine Aufmerksamkeit lediglich auf einen oder zwei Aspekte richtet. Das gesamte System ist zu berücksichtigen. Ein Beispiel dazu: Ein Teamleiter erreicht mit seiner Mannschaft die gesteckten Ziele nicht. Immer wieder kommt es zu zeitlichen Engpässen. Gespräche mit dem Teamleiter offenbaren eklatante Führungsschwächen. Da es sich um einen exzellenten Facharbeiter handelt wird beschlossen, die Person im Führungsbereich zu schulen. Leider führt das zu keiner wesentlichen Verbesserung der Situation. Eine Entscheidung steht an, sich vom Teamleiter zu trennen. In einem der Gespräche, jetzt zusammen mit einem Berater, stößt man auf einen Aspekt, der bislang übersehen wurde. Der Teamleiter trug zwar hohe Verantwortung, wenn es darum ging, die gesteckten Ziele zu erreichen, aber er hatte zu wenig Kompetenzen im Sinne von Entscheidungsbefugnissen, die Dinge entsprechend zu beeinflussen. Der über ihm stehende Abteilungsleiter traf immer wieder Entscheidungen, die den Teamleiter in seiner Arbeit blockierten. Daraufhin wurden die Kompetenzen zwischen den beiden neu verteilt und von da an war es für den Teamleiter kein Problem mehr, seine Ziele zu erreichen.

Dieses Beispiel soll zeigen, daß es sehr hilfreich sein kann, eine Situation systemisch, d.h. von verschiedenen Perspektiven aus zu betrachten. Der manchmal vorschnelle Reflex, die Probleme bei den jeweiligen Menschen zu suchen, greift oft zu kurz. Der systemische Ansatz also kann helfen, naheliegende Maßnahmen oder Konzepte auf ihre Wirksamkeit zu überprüfen.

2.3 Der Unterschied, der einen Unterschied ausmacht!

Was kennzeichnet die Arbeit eines Beraters? Ganz banal betrachtet, sollte man einen Unterschied feststellen können im Vergleich zur Situation vor der Beratung. Natürlich sollte die Veränderung einen positiven Beitrag im Sinne der Betriebsziele und der Wirtschaftlichkeit leisten. Wenn Sie so wollen, erzeugen Berater mit ihrem Tun einen Unterschied. Jetzt geht es „nur" noch um die Frage, wie am effektivsten ein Unterschied hervorgerufen werden kann. In aller Regel erreichen sie dies nicht, wenn sie genau das tun, was im Unternehmen sowieso schon getan wurde. (Eine Verkaufsschulung brachte wenig Veränderung, deshalb sollte sie von einem anderen Trainer wiederholt werden!) Die Interventionen des Beraters sollten sich von denen, die bislang schon ausprobiert wurden, unterscheiden. Die Strategie: „Mehr vom Selben und nachdrücklicher" ist meist nicht richtig. Es besteht damit die begründete Gefahr, daß man sich in der Reihe derer anstellt, die ohne durchgreifenden Erfolg versucht haben, eine betriebliche Situation zu kurieren. Also, sie erzeugen mit einem Unterschied einen Unterschied. Dies ist beileibe nicht nur ein Wortspiel. Dahinter verbirgt sich eine Haltung des Beraters. Unterscheiden kann man sich, indem man Dinge anders macht als bislang. Etwas anders machen erzeugt einen Kontrast zum Bisherigen, ohne darüber zu werten, ob es richtig oder falsch war! In einem Betrieb, in dem der Informationsfluß trotz guter Informationstechnik unbefriedigend verläuft, hilft in der Regel optimierte EDV Unterstützung nicht weiter. Vielmehr könnte Rivalität zwischen einzelnen Abteilungen verantwortlich sein, oder mangelnde Erfahrung im Umgang mit neuen Technologien, oder vielleicht sogar die Haltung der Mitarbeiter. Wem nützt es wirklich, wenn Abläufe beschleunigt werden?

Wir können davon ausgehen, daß in Unternehmen, zumal in mittelständischen, zunächst die Dinge in die eigene Hand genommen werden, bevor der Ruf nach Beratern laut wird. Als Berater trifft man daher fast immer auf Ausgangssituationen, die ihre Vorgeschichte haben. Man täte den Unternehmern aber sicherlich unrecht, wenn man davon ausginge, daß sie das Richtige lediglich falsch gemacht hätten und deswegen die gesteckten Ziele nicht erreicht haben. Das greift fast immer zu kurz. Genau so wenig, wie ein Menü nicht satt macht, dessen Zutaten man nicht verträgt, genau so wenig erfolgreich sind wiederholte Maßnahmen zur Beseitigung von Mißständen. Der Berater muß zu dem, was bislang schon unternommen wurde, einen Kontrast finden, ohne als Besserwisser daher zu kommen.

Worin besteht ein Unterschied? Wenn ein Controlling System gegen ein leistungsfähigeres ersetzt wird, so macht das sicherlich einen Unterschied. Um auf solche Ideen zu kommen, braucht man allerdings meist keine Berater. Wenn eine Projektgruppe Widerstand gegen eine geplante Veränderung leistet und dieser Widerstand aufgebrochen werden kann, dann macht auch das einen Unterschied aus. Auch wenn neue Personen in ein Team integriert werden, bleibt das Team nicht das Alte. Wenn man die Sachlage genau betrachtet, erzeugen wir jeden Tag, gewollt oder unbewußt Unterschiede, von mehr oder weniger großer Tragweite. Der systemische Berater verursacht absichtsvoll einen Unterschied, von dem er allerdings nicht mit letzter Sicherheit wissen kann, wie seine genaue Wirkung ist. Er erzielt einen bedeutsamen Unterschied in der Regel nur dann, wenn seine Interventionen neue Perspektiven eröffnen.

3 Systematisch oder systemisch?

Die gewählte Überschrift könnte meinen, daß zwischen systematisch und systemisch ein Gegensatz bestünde. Es ist wahrscheinlich sogar so, daß die beiden Begriffe gar nicht miteinander verglichen werden können. Trotzdem herrscht immer wieder Verwirrung, was das eine mit dem anderen gemein haben könnte. Systemische Berater haben keine strenge Systematik, obwohl sie nicht unsystematisch arbeiten. Ihre Systematik läßt aber das Überraschende, nicht Vorhersehbare, den Wechsel ganz allgemein zu, fördert ihn geradezu. Es kommt eben auf die Situation an. Systematisches Vorgehen ist dann hilfreich, wenn der Weg, der zum Ziel führt, bekannt ist, z.B. 10% der Kosten sollen durch verbesserte Einkaufspolitik eingespart werden. Systematisch können dazu Maßnahmen geplant werden. Wenn man allerdings versuchen sollte, mit systematischem Vorgehen, vorhandene Komplexität zu reduzieren, kann dies zu einem Problem werden. Wer streng und systematisch arbeitet, der hat einen Plan, was am Ende dabei herauskommen soll. Störende Einflüsse, die vom Erreichen eines Ziels abhalten könnten, versucht man eher fern zu halten. Ich bin davon überzeugt, daß man dies nicht ungestraft tun kann. Auch übergangene oder unterdrückte Einflüsse haben eine Wirkung.

Ein Beispiel dazu: Ein Dienstleister möchte sein Vertriebsteam im Bereich Kundenorientierung stärken. Von einigen im Team ist bekannt, daß sie dieses Thema als eine „Modeerscheinung" betrachten. Deshalb werden sie zum Workshop „Was kann für uns Kundenorientierung bedeuten" nicht eingeladen. Der Workshop wurde als großer Erfolg gesehen, weil dort ein gemeinsames Verständnis von Kundenorientierung entwickelt wurde. Leider schlägt sich das bei Kundenbefragungen nicht entsprechend nieder. Rückmeldungen von Kunden belegen, daß man sich einerseits gut bedient fühlte, daß es aber anderseits immer wieder zu Serviceproblemen kam. Man könne sich nicht verlassen, war eine zentrale Aussage von Kunden. Nachforschungen ergaben zweierlei: Diejenigen, die beim Workshop nicht dabei waren (störende Einflüsse), verhielten sich auch nicht nach den vereinbarten Standards. Weiter waren sie für einige Beispiel, wie man sich bequem verhalten konnte und sich nicht vom Kundenwunsch unter Druck setzen zu lassen, ohne daß dies von Vorgesetzten geahndet wurde. Obwohl die störenden Einflüsse außen vor gelassen wurden, erzielten sie doch eine deutliche Wirkung!

Was also ist das spezifische im systemischen Beratungsansatz? Zwei Aspekte sind besonders hervorzuheben:

- Objektive Wahrheiten gibt es nicht!

Obwohl das Streben nach Wahrheit und Klarheit ein uraltes Thema der Menschen ist, stelle ich die Behauptung in den Raum, daß objektive Wahrheit, gemessen an übergeordneten Normen und Werten, nicht gefunden werden kann! Das Wahrheitsempfinden ist immer subjektiv. Wahrheit entsteht durch individuelle Interpretation einer Situation oder durch Verarbeiten von Information, die mit dem eigenen Wertesystem abgeglichen werden. Peter M. Senge schreibt dazu in seinem Buch: „Die fünfte Disziplin" folgendes: „Wir leben in einer Welt von sich fortpflanzenden Überzeugungen, die größtenteils unüberprüft bleiben. Wir halten an diesen Überzeugungen fest, weil sie auf Schlußfolgerungen basieren, die wir aus unseren Beobachtungen und früheren Erfahrungen ableiten".(Peter Senge, S. 279) Intuitiv glauben wir daß,

- es sich bei unseren Wahrnehmungen um die Wahrheit handelt,

- daß diese Wahrheit offensichtlich ist,

- daß unsere Sichtweisen auf objektiven Daten beruhen und

- daß die Informationen, die wir ausgesucht haben, die objektiv relevanten sind.

Diese Eigenschaft ist nicht als menschliche Fehlleistung zu interpretieren, die durch irgend geartete Einflüsse überwunden werden könnte. Es handelt sich um eine menschliche Eigenschaft, die uns innewohnt. Verschiedene wissenschaftliche Disziplinen (Biologie, Sozialforschung, Kybernetik usw.) sprechen in diesem Zusammenhang von „Wirklichkeitskonstruktion".

Ein Beispiel:

In einem meiner Workshops ist die Gruppe intensiv bei der Arbeit und diskutiert engagiert entlang am Thema. Nur eine Person schaut zum Fenster hinaus, hält sich die Hand vor den Mund und scheint abwesend zu sein. Innerlich denke ich: alle arbeiten konstruktiv mit, warum muß immer einer aus der Reihe tanzen und sich langweilen, gerade dann wenn es darauf ankäme, konzentriert dabei zu sein? Blickkontakt und direkte Ansprache ändern daran nichts. Jetzt denke ich darüber nach, was ich falsch gemacht haben könnte, finde aber keinen rechten Anhaltspunkt. Leichter Ärger kommt auf, warum der Teilnehmer sich so benehmen kann. Für den bin ich wohl nicht gut genug! Im Vorgespräch war dieser Teilnehmer auch schon Thema oder täusche ich mich? Wie hat wohl meine Reaktion ausgesehen? Zur Person war alles schlüssig, das Etikett „unmotivierter Quertreiber" war angefeuchtet und bereit zum Verkleben. Doch die naheliegenden Vermutungen waren falsch. Der Teilnehmer kämpfte mit einer heraufziehenden Grippe und war deshalb zu konstruktiver Mitarbeit nicht fähig.

Aus systemischer Sicht verliert absolute Wahrheit ihre Gültigkeit. Statt dessen rücken die unterschiedlichen Formen von Wahrnehmen in den Mittelpunkt. Das Phänomen der Wahrnehmung ist von der jeweiligen Situation abhängig und beeinflußt den Berater wie den Kunden gleichermaßen. Ein Berater kann ein Problem als eindeutig und nachweisbar diagnostizieren. Trotzdem kann es passieren, daß der Kunde nur bei ihm ein festgestelltes Verhalten zeigt, bei einem anderen Berater jedoch ein anderes. Dies heißt aber keineswegs, daß von nun an alles beliebig und erlaubt sei, ganz im Gegenteil. Jede Wahrheit muß jetzt als subjektiver Standpunkt begründet werden und einem entsprechenden Wertesystem standhalten. Dies gilt als ein Postulat in der systemischen Beratung und hat weitreichende Konsequenzen. Ein subjektiver Standpunkt, die individuelle Wahrheit, steht nicht im Mittelpunkt der Beratung. Vielmehr geht es darum, die Spur herauszufinden, die zu dieser Wahrheit geführt hat. Deshalb ändert sich auch die Haltung des Beraters zum individuellen Standpunkt. Es ist nicht mehr primär die Frage, ob ein Standpunkt richtig oder falsch ist, sondern von vordergründigem Interesse herauszufinden, wie ein Standpunkt gefunden wurde und was es verhindert hat, daß ein anderer gefunden wurde.

Daraus entstehen neue und innovative Möglichkeiten beraterischen Handelns.

- Hypothesenbildung als Fundament der Beratung

Hypothesen sind mögliche Erklärungen oder Deutungsmuster für ein beschriebenes Problem aus Sicht des Externen. Zur Hypothesenbildung wechselt der systemische Berater bewußt die Perspektive aus der heraus er das Problem betrachtet, z.B.:

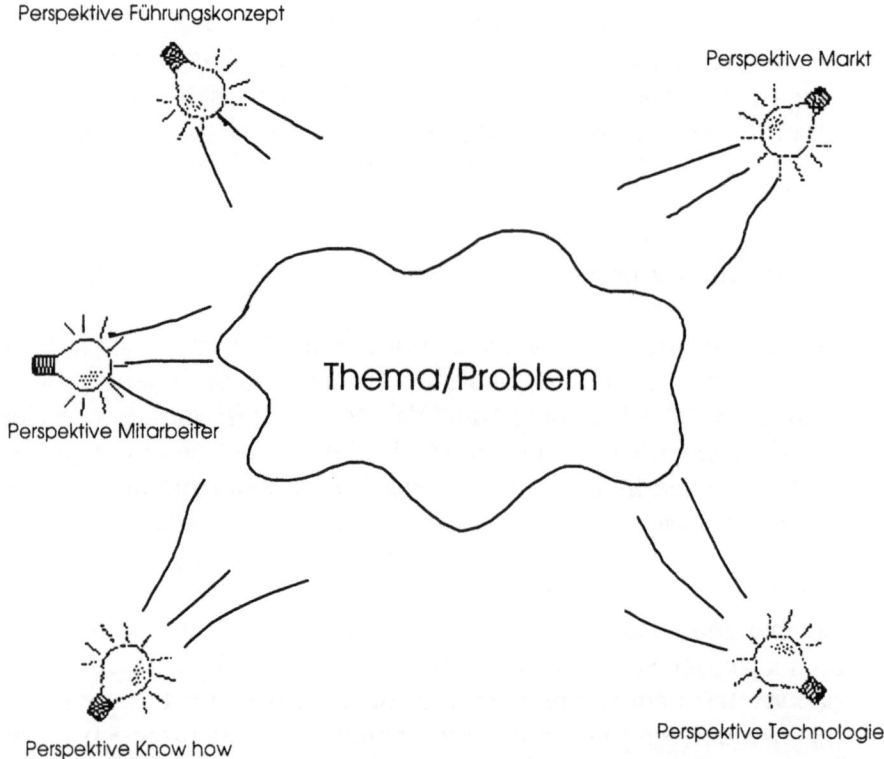

Bild 2: Das Beleuchten des Themas/Problems aus verschiedenen Perspektiven

Wer mit professionellem Anspruch systemische Beratung betreiben will, braucht die Kompetenz, Arbeitshypothesen auf den unterschiedlichen Ebenen erstellen zu können. Dazu zählen der Fachbereich, Organisationswissen, Feldkompetenz, soziale Kompetenz, bis hin zur Psychodynamik. Erst in der Zusammenschau der unterschiedlichen Perspektiven wird ein angemessener Weg sichtbar. Der Berater kann so sicherstellen, daß nicht viel Energie in die Bearbeitung eines Sekundärproblems gesteckt wird und Entwicklung an einer anderen, wesentlicheren Stelle verhindert wird. In aller Regel werden diese Arbeitshypothesen dem Kunden zur Verfügung gestellt. Zusammen mit ihm wird festgelegt, welche der Alternativen als Lösung ausgewählt wird. Oft geschieht es durch den Prozeß des Abwägens und Bewertens, daß eine Lösung gefunden wird, an die anfänglich niemand gedacht hat. Diese Beratungsarbeit wird dann am effektivsten, wenn es gelingt, den Kunden zu eigener Hypothesenbildung anzuregen. Bislang unverrückbare Grenzen können so in Bewegung gebracht werden.

3.1 Die Bedeutung von „Um-Welten"

Zunächst muß geklärt werden, was wir in diesem Zusammenhang unter Umwelten verstehen. Die Umwelt im biologischen Sinn ist der Raum, der uns weiträumig umgibt. Die Umwelt ist ein hochkomplexes System mit vielen Stellgrößen, die unterschiedlichen Einfluß auf Teilmengen des gesamten Systems haben. Wenn eine Situation verändert werden soll, so hat man in der Regel viele Möglichkeiten an den verschiedenen Stellgrößen zu drehen. Man kann die Temperatur beeinflussen, man kann die Windverhältnisse verändern oder für Beschattung sorgen usw.

Wieder ein Beispiel dazu: Eine Wohnung, mitten in einer Stadt, hat als direkte Umwelt eine Verkehrsstraße mit großer Verkehrsdichte und tagsüber viel Publikumsverkehr durch die angrenzenden Geschäfte. Diese Umwelt macht sich vor allem durch Lärm und Luftbelastungen bemerkbar, aber auch durch unmittelbare Nähe zu allen wichtigen Geschäften und zur Arbeitsstelle. Gleichzeitig spielt die Luftschneise durch den naheliegenden Park eine bedeutende Rolle für die Luftzirkulation. Sie trägt dazu bei, daß belastete Luft ausgetauscht wird und die Wohnung mit frischer Luft belüftet werden kann. Außer dieser Wohnung gibt es in der Straße nicht mehr viel anderen Wohnraum, was zu einer Verödung des Bezirks am Abend führt und dazu, daß sich

Menschen abends unsicher fühlen. Ganz unterschiedliche Faktoren aus der unmittelbaren Umgebung beeinflussen also die Wohnqualität. Wenn nun die Wohnqualität dieses Viertels erhöht werden soll, ist das kein einfaches Unterfangen. Für die Geschäftsleute ist es wichtiger verkehrsgünstig zu liegen, als weniger Verkehrslärm, was wiederum für die Anwohner gut wäre. Zusätzliche Kneipen würden auch am Abend für belebte Straßen sorgen und so das Sicherheitsempfinden erhöhen, aber auch den Lärm verstärken. Anwohnerparken käme den Anliegern zugute, wäre aber zum Nachteil für die Geschäfte. Je nach dem, welcher Standpunkt betrachtet wird, werden andere Vor- oder Nachteile wichtig. Jeder Standpunkt repräsentiert eine andere Umwelt.

Es leuchtet vermutlich sofort ein, daß dies, übertragen auf eine betriebliche Situation, nicht viel anders aussehen kann. Einkauf und Vertrieb haben nicht notwendigerweise immer die gleichen Interessen. Die Umwelten einer Abteilung, einer Führungskraft, eines ganzen Betriebs, haben genauso unterschiedlichen Einfluß auf Veränderungsprozesse. In der Beratung müssen wir unterscheiden zwischen relevanten Umwelten und solchen, die wir im Moment nicht berücksichtigen müssen. Wenn ich zur Einschätzung gelange, der Betriebsrat ist eine relevante Umwelt, dann wird dies sicherlich andere Strategien zur Folge haben, wie wenn ich eine Führungskraft ins Zentrum des Geschehens stellen würde. Jedenfalls ist es eminent wichtig zu überlegen, wer von einer beraterischen Intervention betroffen sein wird und wer vielleicht nicht. Was im ersten Moment wie ein Vorteil aussehen kann, wird bei einer systemischen Betrachtung problematisch oder auch gerade umgekehrt. Diese Ausdifferenzierung von Umwelten macht deutlich, was mit welcher Intervention, bei wem erreicht werden kann. Es schärft den Blick für die vorhandene Komplexität und gibt sichere Orientierung, wie ein Ziel erreicht werden kann.

Merke: der erstbeste Gedanke muß keinesfalls immer der beste Gedanke sein.

3.2 Welche Rolle spielt der Berater?

In Beratungssituationen sieht sich der Berater oft diffusen oder sogar widersprüchlichen Erwartungen gegenüber. Von ihm wird offen, manchmal aber auch versteckt eine bestimmte Haltung erwartet. Zunächst zu den eher offenen Rollen, die ein Berater spielen soll:

Der Manager auf Zeit übernimmt definierte Aufgaben von der Unternehmensleitung und erledigt diese für eine bestimmte Zeit. Im eigentlichen Sinne ist er in dieser Rolle gar kein Berater, sondern Manager.

Eine andere Rolle ist die des Trainers. Wenn Sie so wollen, ist das die Funktion eines Lehrers, der fehlende Fähigkeiten vermitteln kann. In der Regel kennt der Trainer die Situation im Betrieb vor Ort nicht aus eigener Erfahrung, sondern er wurde lediglich darüber informiert, in welchem Zusammenhang die Maßnahme steht. Sein Wissen, das er den Teilnehmern vermitteln kann, soll helfen, diagnostizierte Defizite im Personalbereich zu beheben.

Wieder eine andere Rolle ist die des Fachexperten. Dieser soll zur aktuellen Situation eine Diagnose erstellen und Vorschläge ausarbeiten, wie ein Problem gelöst werden kann. In vielen Fällen ist ein Fachberater heute nicht mehr nur noch einer, der eine Expertise abliefert. Von ihm wird erwartet, daß er dabei ist, wenn sein Vorschlag realisiert wird.

Der Teamentwickler legt seinen Fokus auf die Situation innerhalb einer Gruppe und beschäftigt sich mit der Arbeitsfähigkeit eines Teams. Vor allem soziale und kommunikative Aspekte spielen dabei eine zentrale Rolle.

In sehr vielen Fällen wird ein sogenannter Moderator gesucht. Er hat die Aufgabe zwischen verschiedenen Parteien für Kommunikation zu sorgen und aufkommende Konflikte zu bearbeiten. Er kann einen Gruppenprozeß mit gezielten Interventionen steuern und ist dabei behilflich, Lern- oder Kreativitätsblockaden zu lösen.

Zunehmend wird auch der Prozeßberater angefragt. Seine Hauptaufgabe ist es, Lösungen zweiter Ordnung in einzelnen Bereichen oder im gesamten Betrieb zu stimulieren. Lösungen zweiter Ordnung kurieren nicht nur ein Symptom, sie wirken an der Ursache. Man kann dies am Beispiel der Sündenbocktheorie verdeutlichen. In vielen Fällen, wenn es zu Problemen kommt, ist der erste Reflex der betroffenen Menschen, nach jemandem zu suchen, der dafür verantwortlich gemacht werden kann. Dies ist jedoch meist recht hinderlich bei der Suche nach Lösungen. Menschen, denen ein Fehler vorgeworfen wird, versuchen zunächst sich zu rechtfertigen, zu beweisen, daß sie nicht die Schuld haben oder lenken vom Problem ab, indem sie es banalisieren. Das kostet sie in aller Regeln die gesamte Energie. Dies sind in der Sprache der Systemiker Lösungsversuche erster Ordnung. Genau genommen tragen sie mit dazu bei, daß das Problem nicht gelöst wird. Was nützt es wirklich, wenn man einen Schuldigen herausgedeutet hat im Sinne einer Problemlösung? Prüfen Sie selbst!

Der römische Philosoph Seneca hat Lösungen zweiter Ordnung so beschrieben: Es gibt zwei Arten, wie einer unerfahrenen Mannschaft beigebracht werden kann, wie man ein Schiff baut. Die eine vermittelt den Leuten die Technik des Schiffsbaus, die andere weckt in ihnen die Sehnsucht nach der Weite des Meeres. Die Wege, wie das Schiff entsteht (ein Problem gelöst wird), werden sich sicherlich unterscheiden. Vermutlich gleichen auch die gebauten Schiffe sich wenig. Ein systemischer Berater kann, um Lösungen zweiter Ordnung zu erzeugen, situativ alle anderen beschriebenen Rollen einnehmen. Er bringt neue Ideen, Sichtweisen und Fragestellungen mit ein, die es den Personen erleichtern, ungewohnte Herausforderungen, in einer effizienten und menschlich angemessenen Weise anzunehmen.

In jedem Beratungsprozeß werden aber auch verdeckte Rollenerwartungen wichtig, die ein erfolgreiches Arbeiten manchmal erschweren oder sogar unmöglich machen. Folgende Bilder mögen für solche Erwartungen stehen: Minenhund, Richter, Henker, Geheimagent, Hofnarr, Zauberer, Einpeitscher, Missionar oder auch Bote.

3.3 Systemische Beratungsdesigns

In diesem Kapitel soll besprochen werden, wie systemische Beratung angelegt werden kann. Aus dem voran Diskutierten folgt, daß Problemlösungen nicht überwiegend vom Berater kommen, sondern vom Unternehmen und dessen Ressourcen stammen. Entsprechend muß Beratung organisiert werden. Es hat sich als sehr hilfreich erwiesen, eine Mehr-Welten-Theorie zugrunde zu legen. Die eine Welt ist die des Unternehmens, die andere die des Beraters. Dazwischen bildet sich die Beratungswelt aus. Mit einem Bild soll dies veranschaulicht werden.

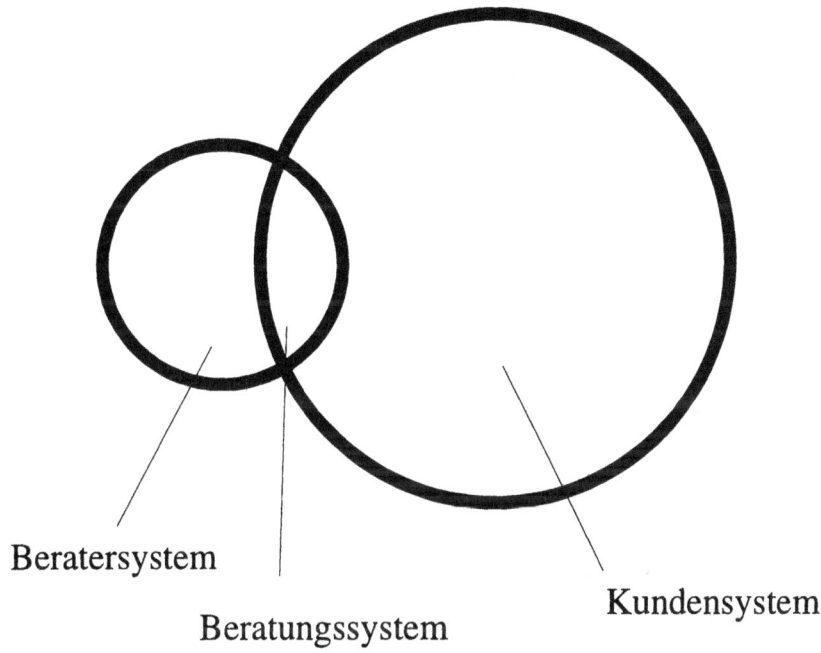

Bild 3: Mehr-Welten-Theorie

Jedes dieser Systeme konstruiert seine Wirklichkeit, will heißen, seine eigene Sicht auf das Problem. Vorsichtshalber sollten wir davon ausgehen, daß die Kundenwirklichkeit völlig verschieden ist von der Wirklichkeit des Beraters. Trotzdem sollten die Welten zueinander passen, sich aneinander koppeln können. Gleichzeitig ist es wichtig, notwendige Distanz zu halten. Das Bild verdeutlicht auch, daß immer nur bestimmte Anteile einer Person am Beratungsprozeß beteiligt sind. Es wird nur mit den Teilen gearbeitet, die zur jeweiligen Situation passen. Für den Berater und für sein Beratungsdesign werden jetzt drei Aspekte bedeutsam: 1. der Klient und dessen Umwelten, 2. wie sieht seine Problemdefinition aus und 3. wie legt er sein beraterisches Handeln an?

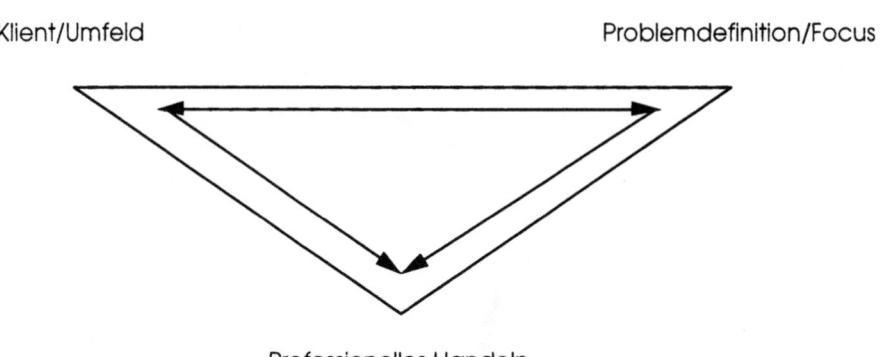

Bild 4

Wird professionelles Handeln in den Vordergrund gerückt, so gehe ich einmal davon aus, daß ein Trainer, der Führungskräfte schult, bei einer Schwachstellenanalyse häufig darauf stößt, daß ein Führungsproblem vorliegt. Anders könnte die Sachlage aussehen, wenn ich an der Ecke Klient in den Beratungsprozeß einsteige. Dann wäre eher die Frage, welches Problem hat der Kunde oder eine Abteilung. Je nachdem welche Wirklichkeitskonstruktion zum Tragen kommt, sieht professionelles Handeln anders aus. Wenn ein Problem identifiziert wurde, muß definiert werden, wer alles davon betroffen ist (Klienten). Umgekehrt, wenn ich mit einer Abteilung arbeiten soll, muß geklärt werden, was deren relevantes Problem ist (Focus). Je nachdem von welcher Seite man sich der Beratung nähert, werden unterschiedliche Strategien evident.

4 Instrumente systemischer Beratung

Neben den klassischen Methoden und Instrumenten der Beratung, die auch im systemischen Ansatz ihren Platz finden können, haben sich auch eigene Konzepte herausgebildet. Es gilt jedoch grundsätzlich, daß eine methodische Verengung auf eine bestimmte Schule nicht sonderlich hilfreich ist. Vielmehr sollten Erfahrungen aus anderen Ansätzen integriert werden, sofern sie zum Kunden, zum Berater und zum Problem passen.

4.1 Um die Ecke fragen

Die schärfsten Waffen des systemischen Beraters sind nicht Antworten, sondern Fragen. Um unsere Kunden beraten zu können, brauchen wir vor allem Informationen. Sie sind Grundlage zur Hypothesenbildung und von Entwicklungsansätzen. Dies korreliert mit dem bislang gezeichneten Bild des Beraters als „Entwicklungshelfer". Dabei hat sich eine besondere Art von Fragen als besonders wirksam erwiesen: „Zirkuläre Fragen". Vielfach wird zirkuläres Fragen mit „systemisch" gleichgesetzt. Allerdings ist dies dann doch eine zu grobe Vereinfachung. Es handelt sich um eine Frageform, die den Gefragten dazu bringen kann, seine gewohnten Denkschemata zu verlassen, um sich neue Sichtweisen zu erschließen. Gleichzeitig können sie dazu dienen, behutsam neue Informationen zu transportieren. Vordergründig erscheint zirkuläres Fragen wie ein Umweg, der vom Ziel wegführt. Jedoch lernt der, der Umwege geht, die Umgebung besser kennen und das kann ihm später sehr nützlich werden. Der Fragende vermeidet es, den Kern des Themas direkt anzusprechen. In vielen Fällen kann genau das verhindern, daß notwendige Informationen unzensiert fließen. Wer antwortet schon gerne auf Fragen wie: „wer hat dies eingebrockt" oder „wer trägt dafür bloß die Verantwortung". Viele Gründe können dagegen sprechen, in bestimmten Situationen mit offenem Visier zu antworten, obwohl es der Sache dienlich wäre. Zirkuläres Fragen kann in solchen Situationen helfen, Kommunikation zu verflüssigen, ohne den Gegenüber in manipulativer Art und Weise zu Aussagen zu bringen, die er eigentlich prinzipiell nicht machen wollte.

Was sind nun zirkuläre Fragen in ihrem Kern?

Die Frageform zielt im weitesten Sinn auf Unterschiede ab, die vom Kunden ausgeleuchtet werden, z.B.

Fragen nach Rangfolgen, z.B.: Wer ist von der Umstrukturierung voraussichtlich am meisten betroffen, wer weniger? Wer hat den größten Nutzen von....

Fragen, was sich verändert hat, z.B.: Was hat sich alles verändert, seit wir den Leistungslohn eingeführt haben? Welchen Unterschied sehen Sie zu früher?

Fragen nach Alternativen, z.B.: Angenommen Herr Schulze würde das Team wirklich verlassen, was könnte das für das Restteam bedeuten? Angenommen, der Gruppensprecher könnte seine Rolle als Autoritätsperson selbstverständlicher ausfüllen, wer in der Gruppe würde davon eher profitieren?

Fragen nach unterschiedlichen Sichtweisen, z.B.: Was glauben Sie, wie denkt B über dieses Problem? Wenn ich C befragen würde, was er von Ihrem Konzept hält, was würde er mir wohl antworten? Herr Maier, was könnte Frau Müller tun, damit sie zur Lösung des Problems einen echten Beitrag leistet?

Der Kunde wird eingeladen, sich in die Lage Dritter zu versetzen und kann hierdurch eigene Sichtweisen unter Umständen besser kommunizieren.

4.2 Verändern durch Bewahren - paradox intervenieren

Paradox intervenieren gehört zur hohen Kunst der systemischen Beratung. Der Berater nimmt dabei eine Position ein, die der Kunde keineswegs von ihm erwartet. Insofern darf man sich nicht wundern, wenn man zunächst Verwunderung oder sogar Verwirrung auslöst. Berater, die paradox intervenieren, signalisieren ihren Kunden, sich zunächst einmal nicht zu verändern. Sie schlagen sich damit auf die Seite des Bewahrens. Allerdings geschieht dies nicht in der Form, dass alles bleiben könnte, wie es ist. Die Rückmeldung ist komplizierter. Wenn alles so bleiben soll wie es ist, ist Veränderung notwendig oder, sie können sich nur ändern, wenn Sie bleiben wie Sie sind. Vielleicht etwas weniger verwirrend ausgedrückt: Der Berater drängt bei paradoxer Intervention *nicht* auf Veränderung. Diese Rolle wird vom Kunden als Gegenposition übernommen und hat so bessere Aussichten zum Tragen zu kommen. Paradoxe Interventionen des Beraters verstärken zunächst eine als unbefriedigend empfundene Situation. Etwa:

- Es wäre gut, wenn der Betriebsleiter seine Kritik am neuen Warenwirtschaftssystem beibehält. Wir sehen darin eine positive Herausforderung an den Steuerkreis, seine Entscheidungen gewissenhaft zu überprüfen.

- Für das Problem gäbe es vermutlich standardisierte technische Lösungen, aber wahrscheinlich haben Sie recht, es wäre momentan nicht der richtige Zeitpunkt darüber zu sprechen.

- Nach allem was sie angeführt haben, sieht es wohl so aus, als gäbe es für den Konflikt in Ihrer Abteilung keine Lösung.

Ziel der paradoxen Intervention ist es nicht, alles oder nichts zu verändern, sondern kreative Alternativen zu ermöglichen. Die Wirkung solcher Fragen ist oft verblüffend. Ein Stimmungsumschwung ist zu verzeichnen, den niemand in der Form erwartet hätte. Der Berater kann es so vermeiden, in ein anstrengendes und meist erfolgloses Spiel verstrickt zu werden, in dem er immer wieder zu neuen Lösungsvorschlägen aufgefordert wird, die dann alle samt und sonders unter der Rubrik, das funktioniert bei uns nicht/das haben wir alles schon ausprobiert, einsortiert werden. Warum hat die paradoxe Intervention oft eine nachhaltigere Wirkung als andere Beratungsformen? Niclas Luhmann schreibt dazu, daß das Leben an sich das schönste Paradoxon sei. Daher trifft diese Interventionsform auf jene Widersprüche, die das Leben ausmachen.

4.3 Umdeuten oder was ist gut am Problem?

Es ist eine urmenschliche Eigenschaft, daß konflikthafte Situationen von den Beteiligten gedeutet werden, etwa in der Form, daß man Schuldige benennt. „Herr Schulze ist einfach unfähig, unsere Interessen auf der Abteilungsleitersitzung zu vertreten. Deswegen sind wir immer die Dummen!" Ein systemischer Berater könnte auf folgende Weise reagieren: „Aha, sie glauben also, daß Ihr Chef die Abteilung auf der letzten Sitzung schlecht vertreten hat. Erinnern Sie sich an eine Situation, in der es ihm einmal gelungen ist? Worin haben sich die Situationen unterschieden?" Damit soll das Handeln des Vorgesetzten in einem anderen Licht erscheinen. Der Rahmen, der bislang das Gedankengerüst getragen hat, soll verschoben werden. Wenn sich Bedeutungszuschreibungen ändern, kann konstruktives Verhalten eher verwirklicht werden, weil die Flexibilität, aber auch das Selbstbewußtsein zunimmt. Eine Situation kann entdramatisiert werden, weil unter anderem Blickwinkel betrachtet die Situation oder ein bestimmtes Verhalten als normal angesehen werden können. Aus Sturen werden Vorsichtige, aus Dominanten werden Verantwortliche, aus Oberflächlichen werden Kreative usw.

4.4 Arbeiten mit Metaphern

Metapher sind Geschichten, die einer Problemsituation nicht unähnlich sind, dabei aber gleichzeitig eine neue Option aufzeigen. Beispiele:

- Gute Führung ist wie Backpulver. Es hilft, daß der Kuchen aufgeht, wobei der Kuchen hinterher nicht nach Backpulver schmecken sollte.

- Natürlich ziehen sie alle am gleichen Strick – nur nicht in die gleiche Richtung!

- Wer nicht weiß, welchen Hafen er ansteuern will, dem kann kein günstiger Wind wehen!

Diese Geschichten sollen den Kern des aktuellen Problems berühren und dazu beitragen, daß neue Sichtweisen für Problemlösungen entstehen. Berater können selbst ihre Methapern einbringen oder die Kunden auffordern, ihre Bilder oder Geschichten zur Situation zu erfinden.

5 Praxis der systemischen Beratung

In diesem Kapitel will ich darüber berichten, wie systemische Beratung in der Praxis aussehen kann. Dabei greife ich auf eigene Projekterfahrung zurück. Zunächst sollen aber noch das Thema: zirkuläre Fragen und eine besondere Form der Informationsbeschaffung, das Kontextinterview, vorgestellt und vertieft werden.

5.1 Kontextinterview

Mit dieser Form des Interviews werden die subjektiven Wirklichkeitskonstruktionen der handelnden Akteure zu einem bestimmten Themenbereich in einem Unternehmen erfaßt. Das Gespräch zielt noch auf keine Veränderung ab, obwohl dies häufig schon der Fall sein kann. Obwohl es für ein Kontextinterview kein starres Ablaufschema gibt, hat sich ein grober Leitfaden bewährt.

a) Klärung des Auftragskontextes:

In welchem Macht- und Interessenfeld steht eine geplante Maßnahme? Wie ist die Idee, diese Beratung durchzuführen, entstanden? Wer ist Förderer dieser Idee, wer vertritt eher eine skeptische Position? Was könnte passieren, wenn die Beratung ein Mißerfolg wird? Wer entscheidet, ob das Konzept erfolgreich war?

b) Ermittlung des aktuellen Anlaßes für die Beratung:

Was ist der Beweggrund, die Maßnahme gerade jetzt zu beginnen? Existiert das Problem schön länger und wie stellt es sich gegenwärtig dar? Beschreiben Sie das Problem genau. Für wen ist es ein Problem, für wen gegebenenfalls keines?

c) Herausfinden von Situationen, in denen das Problem nicht auftaucht:

Es wird untersucht, welche Bedingungen dazu beitragen, daß das Problem immer wieder auftaucht. Gibt es Situationen, in denen das

Problem nicht sichtbar wird? Worin unterscheiden sich diese von anderen, in denen das Problem sichtbar ist?

d) Erörterung von Fragen zur Erklärung des Problems:

Wie kam es zu diesem Problem, was war der Auslöser hierfür? Vorsicht, hier werden vom Kunden oft Erklärungsmuster angeboten, die einen Teil des Problems darstellen. Nicht selten werden einzelne Personen beschuldigt oder übergeordnete Dinge bemüht. Es geht nicht darum, dies zu korrigieren, es soll herausgefunden werden, welche Erklärungsgewohnheiten benutzt werden. Keinesfalls sollte der Berater sich vorschnell übernehmen.

e) Diskussion von bisherigen Lösungsversuchen:

Was wurde bislang schon unternommen, um das Problem zu lösen. Was glauben Sie, warum das noch nicht erfolgreich war?

f) Strategien, wie man das Problem verschlimmern kann?

Mit dieser Frage kann man untersuchen und herausfinden, was in einem System getan werden muß, damit sich nichts ändert (aufrechterhaltende Bedingungen). Das ist eine sehr wertvolle Information für den Berater in bezug auf die später anzubahnenden Lösungen.

g) Aufdeckung positiver Funktionen des Problems:

Auch mit dieser Frage untersucht man die Faktoren, die dazu beitragen, ein Problem nicht zu lösen. Wer könnte aus der gegenwärtigen Situation einen Vorteil haben. Was könnte sich verschlechtern, wenn es das Problem nicht mehr gibt? Implizit schlägt sich der Interviewer auf die Seite der Nichtveränderung und überläßt damit dem Kunden die Position der Veränderung. Das fördert einen positiven Beratungsprozeß enorm.

h) Zukunftsfragen:

Mit dieser Art Fragen erhält man Informationen darüber, welche Mechanismen zur Vermeidung von Veränderung gegebenenfalls wirksam werden können. Zudem können sich daraus motivierende Perspektiven entwickeln. Zukunftsfragen sind beispielsweise: „Angenommen, das Problem wäre morgen verschwunden, welche neuen Herausforderungen stünden dann an? Wie könnte eine Abteilung in einem Jahr aussehen? Was war in der Vergangenheit schon nützlich gewesen, um Probleme zu lösen? Was wäre eine günstige Entwicklung?

i) Entwicklung von Zielvorstellungen:

Es geht dabei darum, eine Spur zu finden, wie eine Lösung angebahnt werden kann. Angenommen, die Beratung wäre optimal verlaufen, was hätte sich dann verändert? Es geht auch darum festzustellen, wie Veränderungen bemerkt werden. Woran könnten Sie erkennen, daß unser Projekt erfolgreich war? Woran erkennen das die anderen Betroffenen?

Das Kontextinterview ist eine sehr nützliche Methode, um die subjektiven Theorien der Kunden zu untersuchen und zu verstehen. Es wird rekonstruiert, welche Muster wirksam sind, solche, die Veränderung stützen oder auch behindern. Mit diesem Wissen sind Berater in der Lage, passende Hypothesen zur Situation zu entwickeln, die als Basis für die weitere Beratungsarbeit dienen. Es werden nicht nur reine Fakten gesammelt, sondern auch Deutungsmuster sichtbar gemacht, die für einen Beratungsprozeß von entscheidender Bedeutung sind.

Bei der Auswahl der Gesprächspartner gelten die Regeln der Interviewtechnik. Zunächst sollte man festlegen, welche „Umwelten" von der Maßnahme betroffen sind. Sie sollten bei der Befragung vertreten sein. Schon allein dadurch schafft man eine gewisse Akzeptanz und Vertrauen. Nicht nur Förderer der Idee sollten mit eingebunden werden, auch die Skeptiker können wichtige Hinweise für einen erfolgreichen Verlauf geben. Bei kleineren Projektteams kann es ratsam sein, einfach alle Mitglieder zu befragen. Für größere Gruppen kann dies nur repräsentativ geschehen. Mehr als 20 Interviews sind in der Regel nicht notwendig. Meist erreicht man schon vorher eine Sättigung, d.h. es kommen keine wesentlich neuen Informationen hinzu. Man sollte aber nicht außer acht lassen, daß durch eine bestimmte Auswahl schon neue subjektive Theorien ausgelöst werden können. Warum wurde Herr X befragt und ich nicht? Hab' ich wirklich nichts zu sagen usw.

5.2 Beraten mit zirkulären Fragen

Diese Fragetechnik soll an dieser Stelle noch einmal aufgegriffen und praktisch untersucht werden. Dies geschieht deshalb, weil mit dieser Technik ein besonders wirksames Instrument der systemischen Beratung bereitgestellt wird. Im Gespräch mit Betroffenen verstellt man sich oft mit direkten Fragen eine Öffnung der Person. Wer redet schon gerne über seine Defizite in solch einem Zusammenhang? Dann kann „um die Ecke fragen" sehr hilfreich sein. Wie der Name schon sagt, wird dabei im Kreis gefragt, was nicht heißen soll, das immer das gleiche gefragt wird, oder daß man dort wieder herauskommt, wo man gestartet ist. Im Prinzip werden Personen über Dritte befragt, was deren Meinung oder Ansicht sein könnte. Dies kann im Beisein der Person geschehen, aber auch virtuell. Was würde Frau Müller antworten, wenn sie nach einer Einschätzung der aktuellen Situation befragt würde? Vielleicht erscheint dieses Prinzip manchen anrüchig. Man sollte nicht über, sondern mit den Menschen reden. Das wird davon natürlich nicht außer Kraft gesetzt. Es ist ein Weg, sonst nicht zugängliche Informationen und Meinungen offenzulegen, um damit weiter arbeiten zu können. Natürlich braucht das Ganze einen respektvollen Rahmen und die Neutralität des Beraters. Es ist keine Methode, etwas auszuhorchen, das auf anderem Weg nicht sichtbar gemacht werden kann. Es bietet dem Kunden die Möglichkeit, über Dinge zu sprechen, über die er sonst gar nicht oder nur im ausgesuchten Kreis sprechen würde. Ich möchte deshalb eher von einer Chance sprechen, eine kommunikative Barriere zu überspringen, wofür sonst angemessene Ausdrucksmöglichkeiten fehlen. Im geglückten Fall wird allen Beteiligten das System, wie kommuniziert wird, wie eine Meinung zustande kommt, verständlicher und dadurch transparenter. Nicht nur wie andere denken wird deutlich, sondern auch warum. Dadurch ergeben sich neue Perspektiven in der Beratung.

Ziel dieser Fragetechnik ist Informationsgewinnung für Berater und Kunden gleichermaßen! Der Berater verarbeitet die gewonnen Informationen zu Beraterhypothesen weiter, die Grundlage für weitere Interventionen sind. Ein Beispiel dazu:

Eine Tagschichtgruppe kommt immer wieder in größere Terminschwierigkeiten, wenn es darum geht, neue Aufgaben zu verteilen.

Als Muster der Gruppendiskussion kann ein Außenstehender folgendes beobachten: Der Gruppenleiter ermahnt bei kontroversen Diskussionen die Gruppe, sie möge darauf achten, den Zeitrahmen nicht zu überschreiten. Das würde so oft passieren. Die Gruppenmitglieder werfen dem Gruppenleiter vor, daß er keine konsensfähigen Vorschläge präsentieren und deshalb eine Einigung so lange dauern würde. In der Gruppe gilt ein ungeschriebenes Gesetz, nämlich, daß Lösungen im Konsens zu erreichen sind. Andere Lösungen könnten das Machtgefüge in der Gruppe aus dem Gleichgewicht bringen. Eine systemische Intervention in dieser Situation könnte folgendermaßen aussehen. Angenommen, der Gruppenleiter würde bei diesen Diskussionen in der Gruppe sein selbstverständliches Recht wahrnehmen und Lösungsvorschläge aus der Gruppe priorisieren. Was könnte die Gruppe unternehmen, um das zu verhindern? In diesem Falle war die Antwort aus der Gruppe: Eine Diskussion über die gerechte Verteilung von Arbeit beginnen. Weiter angenommen, der Gruppenleiter würde erkennen, daß gerechte Arbeitsverteilung und Aufgabenpriorisierung unabhängig voneinander gesehen werden könne und auf solche Diskussionen nicht mehr eingingc, wer aus der Gruppe würde dann die alte Position des Gruppenleiters womöglich übernehmen? Ist es vorstellbar, daß es in der Gruppe Mitglieder gibt, die, wenn auch unausgesprochen, eher froh wären, wenn die Aufgabenverteilung vom Gruppenleiter vorgenommen und nicht der Konsens gesucht würde? Was könnte die Gruppe tun, um den Teamleiter bei gerechter Arbeitsverteilung zu unterstützen?

In dieser Arbeitssitzung ist es tatsächlich gelungen, das Gefühl gerechter Arbeitsverteilung zu stärken, obwohl zukünftig der Gruppenleiter in dieser Frage eine bestimmendere Haltung einnehmen sollte. Dies wäre vermutlich mit einer Diskussion über die Sinnhaftigkeit von Konsenslösungen nicht gelungen.

5.3 Fallbeispiel 1

In einem mittelständischen Apparatebau-Unternehmen hat der Inhaber das Problem, daß er immer wieder in innerbetriebliche Probleme verwickelt wird, die er eigentlich von seinen Führungskräften gelöst wissen möchte. In solchen Fällen trifft er schnell eine Entscheidung, damit der reibungslose betriebliche Ablauf und er selbst möglichst wenig gestört werden. Diese Schnellschüsse scheinen ihm gerechtfertigt zu sein, weil es sich bei den Hintergründen der Entscheidungen um vergleichsweise harmlose Umstände handelt. Mal kann man sich nicht einigen, wo welcher Schreibtisch aufgestellt wird, mal geht es darum, welcher Auftrag priorisiert wird oder wer welche Information bereitzustellen hat. Dieses Spiel wird in zweierlei Hinsicht problematisch erlebt. Erstens wird der Inhaber mit zunehmender Intensität von der Arbeit abgehalten, für die er Verantwortung trägt und die über den Erfolg der Firma wesentlich entscheidet. Zweitens sind seine Entscheidungen nicht immer durchdacht und verstoßen deshalb öfter gegen die betrieblichen Regeln und verursachen deswegen schlechte Stimmung. Seine Entscheidungen haben meist einen Gewinner und einen anderen, der verliert. Fast alle im Betrieb haben dieses Spiel verstanden und entwickeln persönliche Strategien, um über den Umweg Chef bestimmte Dinge für sich günstig zu beeinflussen. Natürlich gibt es im Betrieb einige, denen man unterstellt, sie hätten einen ganz besonders guten Draht zum Chef und andere, die dort nicht so viel erreichen würden. Die Gewinner dieses Spiels werden auf der Seite des Vertriebs und der Verwaltung gesehen, während die Produktion als Verlierer dastünde. Unter dem alten Chef, dem Vater des jetzigen Inhabers, war dies den Erzählungen nach genau umgekehrt. Als Sinnbild für diese Aufteilung des Unternehmens steht eine Stahltür. Als geflügeltes Wort konnte man immer wieder hören: Vor und hinter der Stahltür...

Nach einigen eher mehr wie weniger erfolglosen Versuchen, dieses Problem zu lösen, wurde ein Berater hinzugezogen. In einem moderierten Workshop sollten die Probleme angesprochen und nach Lösungen gesucht werden. Nach Meinung des Inhabers wäre viel erreicht, wenn es gelänge, alle dazu zu bewegen, ihren gesunden Menschenverstand walten zu lassen. Viele der Probleme wären im Grunde so banal, daß sie leicht lösbar wären, wenn nur die Führungsmannschaft sich selber einigen könnte. Die Frage, warum dies nicht selbstverständlich geschehe, hinterließ Ratlosigkeit. Dies war ein wichtiger Hinweis, daß es zu wenig Verständnis gab, warum dieses Spiel so trefflich gespielt wurde.

Im anberaumten Workshop ging es deswegen zunächst auch um die Frage, warum Entscheidungen auf diese Art und Weise herbeigeführt werden. In kleinen Arbeitsgruppen ging es darum, Hypothesen zu formulieren. Alle Arbeitsgruppen präsentierten als Ergebnisse der Gruppenarbeit mehr oder weniger geschickt verpackte eindimensionale Schuldzuweisungen. Wenn sich die anderen an die Regeln halten würden, dann wäre dieser Workshop überflüssig! Wir werden durch die anderen gezwungen, uns genau so zu verhalten, sonst haben wir überhaupt keine Chance! Das Ganze wird von der Produktion viel zu hoch aufgehängt, wir kommen schon irgendwie miteinander klar!

Jetzt war es an der Zeit ein Set an systemischen Fragen einzusteuern. Welchen Nutzen hat der Chef, wenn er sich dergestalt einbinden läßt? Welchen Nutzen haben die Abteilungen davon? Was trägt jeder dazu bei, daß der Chef falsche oder ungerechte Entscheidungen trifft. Angenommen, der Inhaber würde sich weigern, sich mit bestimmten Fragen, die in der Verantwortung der Führungskräfte liegen, zu befassen, was stünde dann an? Was müßte getan werden, damit der Chef noch mehr Entscheidungen selber trifft? Das Fragenpaket löste zunächst reichlich Verwirrung aus, regte aber auch eine ganz neue Diskussion an. Es wurde darüber gesprochen, welchen Sinn (oder auch Unsinn) es hatte, sich so zu verhalten. Für die Teilnehmer war es neu, daß nicht über Verursacher oder Schuldige gesprochen wurde, sondern darum, ein Problem zu verstehen. Durch Rollentausch war es möglich, die Position der Gegenseite hautnah zu erleben. Einige Annahmen, warum die Nachbarabteilung sich so verhielt, konnten hinterfragt und korrigiert werden. Den Gewinn des Workshoptages sah man im Zugewinn von Sichtweisen über ein Problem und in mehr Vertrauen zu Nachbarabteilungen, sie handelten nicht grundsätzlich so, um einen Vorteil für sich selbst zu gewinnen.

Der zweite Workshoptag war der Frage gewidmet, was alles unternommen werden kann, um die Zusammenarbeit zu verbessern. Nachdem die Gruppe vertrauen zu sich selbst gefunden hatte, waren passende Konzepte nicht schwierig zu finden. Es wurde festgestellt, daß eine geeignete Meetingstruktur fehlte, die zu entwickeln an eine Arbeitsgruppe delegiert wurde. Durch gegenseitige Besuche in den Nachbarabteilungen sollte deren Arbeitsablauf besser kennengelernt werden, um Verbesserungen im Informationsmanagement zu erreichen. Neben weiteren Maßnahmen ist die Gruppe aber auch auf ein weiteres Problem gestoßen. Wie kann verhindert werden, daß der

Chef in seine alte Rolle fällt und sich in die Arbeitsabläufe in der bislang gewohnten Weise einmischt? Dieser hatte jetzt die Sorge, daß die Dinge an ihm vorbeilaufen könnten und er keine Informationen mehr erhielte. Der Berater hat an dieser Stelle nach einem möglichen Zusammenhang gefragt, zwischen dem Verhalten der Führungskräfte, Entscheidungen nach oben zu delegieren und der Sorge des Chef, nicht genügend informiert zu werden. Mit zirkulären Fragen wurde versucht, den Unterschied zwischen informiert sein und handelnd eingreifen, herauszuarbeiten. Angenommen, der Chef würde erkennen, daß er sich informieren kann, ohne Entscheidungen fällen zu müssen, für wen in der Gruppe könnte dies ein Vorteil sein? Der Inhaber erkannte, daß er mit seiner Haltung mit dazu einlud, ihn mit operativem Geschäft zu überhäufen. Trotzdem war es ihm nicht möglich, darauf sofort zu verzichten. Zu schwergewichtig schien ihm das Argument, er könne den Anschluß an das betriebliche Geschehen verlieren und so seiner Verantwortung nicht nachkommen. Die Führungskräfte, die jetzt ein gesteigertes Interesse daran hatten, eigenverantwortliches Handeln unter Beweis zu stellen, machten nun ihrerseits Vorschläge, wie sie dem legitimen Interesse nach Information gerecht werden könnten. Schließlich wurde vereinbart, die neuen Regeln für eine bestimmte Zeit zu erproben. In monatlichen Checkup-Sitzungen sollte überprüft werden, inwieweit das Konzept trägt. Darüber hinaus wurde beschlossen, daß die Führungskräfte ein Training absolvieren würden, mit verbindlichem Führungshandeln als Thema.

Ein Kontrollworkshop nach einem Jahr zeigte tatsächlich, daß sich das Verhalten bei Entscheidungsfindungen verändert hatte. Der Inhaber fühlte sich von administrativer Arbeit entlastet und hatte deutlich mehr Zeit für seine Kernaufgaben. Die Führungskräfte waren als Team viel besser wahrnehmbar und autonomer in ihrem Handeln. Jedoch wurde auch deutlich, daß die alte Kultur nicht gänzlich verschwunden war. In der Zeit eines internen Umbaus, als alles drunter und drüber ging, waren die alten Muster wieder wirksam. Dies hat das Gefühl erzeugt, daß Kooperation und Zusammenarbeit etwas für Schönwettertage sei. Wenn es darauf ankommt, geht eben doch jeder seine eigenen Wege. Obwohl dieser Ansicht zum Teil heftig widersprochen wurde, war allen Beteiligten klar, dieser Weg gleiche einer faszinierenden kleinen Pflanze, die weiter gehegt und gepflegt werden müsse, bevor sie groß und widerstandsfähig genug sei, um schweres Wetter zu überstehen.

5.4 Fallbeispiel 2

In einem mittleren Unternehmen der Kunststoffbranche, das Teil eines großen Industriebetriebes ist, sollte eine Schicht der Produktion auf neue Aufgaben vorbereitet werden. Im Rahmen der allgemeinen Effizienzsteigerung sollen zusätzliche Bereiche diesem Team überantwortet werden. Die Gruppe arbeitet im Tagschichtbereich und ist für die Ver- und Entsorgung der Produktion zuständig. Im Betrieb herrscht die Meinung, daß in diesem Bereich noch ungenutzte Ressourcen schlummern. Teilbereiche aus der Produktion sollten in die Tagschicht verlagert werden, um die Schichten zu entlasten. Die Tagschicht hat sich historisch in zwei Untergruppen aufgespalten; die auf saubere Trennung der Bereiche achteten. Formal war aber ein Vorarbeiter für die gesamte Gruppe verantwortlich. De facto aber wurden die beiden Untergruppen von zwei Vorarbeitern geführt. Die neuen Aufgaben waren bei keiner Gruppe willkommen und jede Seite hat darauf geachtet, möglichst unbelastet aus der Situation herauszukommen. Die Gruppe sollte sich neu aufstellen, um den zukünftigen Aufgaben gewachsen zu sein. Dazu wurde ihr Unterstützung in Form von Beratung zugesagt. Selbst der Betriebsrat war von dieser Idee zu überzeugen.

Als der Berater sich in der Gruppe vorstellte, wurde er nicht gerade mit offenen Armen empfangen. Es waren deutliche Vorbehalte gegen ihn bemerkbar. Schließlich hatte niemand aus der Gruppe nach einem Berater gefragt. Die Vermutung lag nahe, auf diesem Weg weich gemacht zu werden, und daher war große Vorsicht angesagt. Berater sind gut beraten, wenn sie offen mit solch einer Situation umgehen. Im Rahmen des systemischen Konzeptes kann eine Reaktion so aussehen: Der Berater formuliert seine Wahrnehmung in Form einer Hypothese und stellt sie in der Gruppe zur Diskussion, etwa in der Form: „Ich habe den Eindruck, daß gegen die vereinbarte Beratung große Vorbehalte bestehen. Es kann sein, daß ich das völlig falsch interpretiere. Deshalb möchte ich es gleich am Anfang überprüfen und Sie zu einer Stellungnahme bitten". Die Vermutung wurde bestätigt und gleichzeitig wurde versichert, daß dies nichts mit der Person des Beraters zu tun hätte. Dies wurde von ihm so interpretiert, daß es zwar Mißtrauen gegenüber Beratung gibt, der Berater aber durchaus Vertrauen weckt. Folglich sah die nächste Intervention so aus: „Ich bin froh darüber, daß Sie die beiden Dinge auseinanderhalten können, das verdient Respekt.

Wahrscheinlich läßt sich die geplante Beratung nicht völlig abbiegen, deshalb, was müßte geschehen, damit sich die Sache für Sie lohnen könnte?" Der Impuls fruchtete! Die Gruppe war bereit darüber nachzudenken, was Beratung für sie bringen könnte. Ein Aspekt wurde in der nachfolgenden Diskussion immer wichtiger. Die Gruppe erkannte eine Chance darin, daß der Berater eine Vermittlerrolle einnähme, wenn es darum ginge, eigene Interessen bei der Betriebsleitung zu plazieren. Nachdem der Unterschied zwischen Vermittler und Anwalt herausgearbeitet war, konnte mit der Gruppe ein Kontrakt geschlossen werden. Es wurde vereinbart, daß über die Neuverteilung von Arbeit ergebnisoffen diskutiert werden konnte. Der Boden für eine fruchtbare Zusammenarbeit war bestellt. Es konstituierte sich eine Steuerungsgruppe, die über alle Vorschläge der Tagschichtgruppe befinden sollte.

Die Gruppe beschloß, zunächst eine Bestandsaufnahme ihrer Arbeitssituation zu machen. Alle Tätigkeiten, die sie verrichteten, wurden erfaßt. Die Liste war lang und stand im Widerspruch zur Aussage, in der Gruppe wäre Luft für zusätzliche Arbeiten. Als der Berater darauf aufmerksam gemacht hatte, schlug die Gruppe vor, diese Liste der Betriebsleitung zu geben, damit diese sich davon überzeugen konnte, daß kein Raum für zusätzliche Aufgaben sei. Das Feedback des Betriebsleiters war anders als erwartet. Die stille Hoffnung, der Kelch würde vorüber ziehen, erfüllte sich nicht. Statt dessen kam ein dickes Lob der Leitung für die geleistete Arbeit. Seltsamerweise reagierte die Gruppe auffallend verhalten auf das Lob. Verschiedene Ursachen konnten dafür ausschlaggebend sein. Die Enttäuschung, nicht direkt von der Mehrarbeit befreit zu werden, wäre eine Erklärung gewesen. Nachfragen des Beraters stellten aber die Reaktion in einen ganz anderen Zusammenhang. Alle Mitarbeiter der Produktion wurden vor Weihnachten zu einem Essen eingeladen, nur die Tagschicht war davon ausgenommen. Dies wurde als Kränkung empfunden. Ein Lob des Betriebsleiters konnte deswegen nicht als echt angenommen werden. Wer einen so übergeht, kann dieses Lob nicht ernst meinen. Es ist wohl eher taktischer Natur! Der Berater bekam von der Gruppe den Auftrag dem nachzugehen. Es stellte sich heraus, daß die Betriebsleitung dies keineswegs als demonstratives Zeichen verstanden haben wollte, sondern sie hatte eine eigene Einladung der Tagschichtgruppe schlicht übersehen. Das Angebot, dies in Form einer Grillparty nachzuholen, löste den Knoten. In die eigentliche Aufgabenstellung war aber noch immer keine Bewegung gekommen. Die Aufgaben wurden wie eine heiße Kartoffel hin und her gereicht. Die Gruppe fühlte sich nicht in der Lage Entscheidungen zu fällen.

Der gesamte Betrieb wurde klar hierarchisch geführt und hatte eine klassische Organisation. So wiesen Mitglieder der Gruppe immer wieder darauf hin, daß sie dazu gar nichts entscheiden könnten und dies doch Aufgabe des Vorarbeiters oder des Meisters sei. Der Vorarbeiter zeigte sich wenig gewillt zu entscheiden, mit dem Argument, die Gruppe würde seine Entscheidungen nicht mittragen. Aus Erfahrung wisse er, daß das nicht gut sei. Der Meister wollte sich in die inneren Angelegenheiten der Gruppe sowieso nicht einmischen. Die Verhandlungen gerieten ins Stocken. Der Berater intervenierte und fragte nach, was der Grund sein könnte, daß alle sich so entscheidungsscheu zeigten. Was könnten die Folgen sein, wenn der Vorarbeiter sein ihm zustehendes Recht offensiver in Anspruch nähme und auf Entscheidungen drängen würde. Die Antwort war verblüffend und einleuchtend zugleich. Der Vorarbeiter war de facto nur für den einen Teil der Gruppe Sprecher. Der andere und größere Teil der Schicht wurde von einem Kollegen geführt, der fachlich den Überblick hatte, den er selbst schon seit geraumer Zeit nicht mehr hatte. Viele Arbeiten wurden jetzt mit EDV-Werkzeugen erledigt, die er nicht beherrschte. So fühlte er sich in seinen Entscheidungen stark gehemmt, weil er deren Tragweite nicht mehr übersehen konnte. Bislang war ihm nicht gelungen, mit seinen Vorgesetzten darüber zu sprechen. Anderseits verschlossen diese die Augen vor diesem Problem. Als Lösung schlug der Berater vor, die gesamte Gruppe neu aufzustellen. Das Konzept von Gruppenarbeit sollte eingeführt werden, mit der Konsequenz, daß die Rolle des Gruppensprechers neu besetzt werden müßte. Die Gruppe sollte die Kompetenz erhalten, ihren Sprecher selbst zu wählen. Dieser Vorschlag wurde nach einigem Ringen von allen angenommen. Auch die Steuerungsgruppe gab dazu ihr Plazet.

Im folgenden wurde in moderierten Gruppensitzungen ein Konzept für Gruppenarbeit entwickelt und verabschiedet. Die Wahl des Gruppensprechers verlief eindeutig. Der alte Vorarbeiter verzichtete freiwillig auf eine Kandidatur, nachdem ihm daraus keine finanziellen Nachteile erwachsen sollten. Er äußerte Erleichterung, daß er Arbeiten nicht mehr verantworten mußte, die er inhaltlich nicht mehr vollständig überblickte. Natürlich gab es auch negative Gefühle, weil er seine Führungsfunktion aufgegeben hatte. Seine Gesamtbilanz fiel aber positiv aus. Auch der Betriebsrat konnte für diese Lösung gewonnen werden. Der neue Gruppensprecher genoß das Vertrauen aller.

6 Resümee

Eigentlich sollte die Leserin oder der Leser am Ende der Lektüre sein eigenes Resümee ziehen. Lassen Sie sich deshalb davon durch dieses letzte Kapitel nicht abbringen. Aber einmal angenommen, das Buch hat sie interessiert und es waren Anregungen dabei, die Sie weiter verfolgen wollen, was konkret steht dann für Sie an? Gibt es Dinge, die Sie sofort ändern und andere, mit denen Sie sich erst später eingehender auseinandersetzen wollen? Vielleicht konnten Sie aber auch feststellen, daß vieles von dem, was beschrieben wurde, von Ihnen ähnlich angegangen wird. Dann begrüße ich Sie ganz herzlich im Kreis der Berater, die mit dem systemischen Ansatz arbeiten und die durch ihre Arbeit auch einen Beitrag dazu leisten, den Ansatz weiter zu entwickeln. Es gibt auf diesem Gebiet nämlich noch viel zu tun.

Für den Autor war es eine einmalige Gelegenheit, die Gedanken zum systemischen Ansatz in der Unternehmensberatung zu sortieren. Dabei konnte ich mir wieder einmal bewußt machen, mit welcher Haltung und mit welchen Strategien ich in der Beratung vorgehe. Diesen Prozeß halte ich für sehr wichtig, um von einer intuitiv gesteuerten Beratung zu einer reflektierten Beratung zu gelangen. Es hat mir sehr geholfen, innere Ordnung herzustellen. Mir wurde auch wieder bewußt, wie schwer es werden kann, die notwendige Distanz zum Kunden und zur Beratung selbst zu halten. Immer wieder muß neu ausgelotet werden, wofür der Berater Verantwortung übernimmt, und für was unsere Kunden Verantwortung tragen sollten. Die Verlockungen, vom Auftraggeber mit ins beratene System hineingezogen zu werden, sind groß. Aber dann gehen Freiheitsgrade verloren, die einen professionellen Berater auszeichnen.

Im systemischen Ansatz spielt die Frage, welche Wirklichkeit wahr ist, eine untergeordnete Rolle, obwohl die Suche nach Wahrheit ein uraltes Menschheitsthema ist. Was viele zunächst in höchstem Maße irritiert, wirkt in der konkreten Situation ungemein entlastend. Anstrengende Diskussionen mit Kunden, wer in der gegeben Situation Recht hat oder im Unrecht sich befindet, können elegant entschärft und in eine konstruktive Richtung gelenkt werden. Der Berater wird vom Druck, Recht sprechen zu müssen, entlastet. Erleben Sie selbst Ihre neuen Kräfte, wenn solche Probleme nicht mehr ausgefochten werden müssen. Wenn Sie sich erst einmal haben infizieren lassen, wird alles plötzlich systemisch um Sie herum. Aber Vorsicht! Die vorherigen Denkweisen müssen deshalb nicht falsch gewesen sein.

Der systemische Weg in der Unternehmensberatung spielt bislang eine eher unbedeutende Rolle in der Beraterszene, zu Unrecht wie ich meine. Auch diejenigen unter den Beratern in unserer Branche, die überwiegend technische oder betriebswirtschaftliche Konzepte anbieten, könnten mit systemischen Konzepten beraten. Wie schon gesagt, es ist weniger eine Frage der Methoden als der inneren Haltung, mit der man seinen Kunden begegnet. Diejenigen, die systemisch denken und handeln, wählen einen respektvollen Umgang mit ihren Kunden und können deren Ansichten verstehen, ohne sie sich zu eigen machen zu müssen. Der Kunde selbst entscheidet, wann seine Sichtweisen angemessen sind oder wann sie geändert werden müssen. Der Berater hilft dabei, unterscheiden zu lernen. Sie sind eingeladen, dazu ihren Beitrag zu leisten. Entdecken Sie neue Möglichkeiten zu beraten ohne ihre bislang erfolgreichen Konzepte zu vergessen.

Literaturliste

Bateson, G.: Schizophrenie und Familie. Frankfurt a.M. 1977

Watzlawik, Paul: Wie wirklich ist die Wirklichkeit? Bern 1982

Senge, Peter, M.: Das Fieldbook zur fünften Disziplin. Stuttgart, Klett-Cotta 1996

König, Eckhard; Volmer, Gerda: Systemische Organisationsberatung. 2. Auflage. Weinheim: Deutscher Studien Verlag 1994

Schmid, Bernd: Wo ist der Wind, wenn er nicht weht? Paderborn: Jungfermann Verlag 1994

Königswieser, Roswita; Exner, Alexander: Systemische Intervention. Stuttgart: Klett-Cotta 1999

Ulrich, H.; Probst, G.: Anleitung zum ganzheitlichen Denken und Handeln. Bern 1988

Slupetzky, Walter: Konstruktionsprinzip der Wirklichkeit. Wiesloch: Institut für systemische Beratung 1994

Maturana, H,R.: Erkennen: Die Organisation und Verkörperung von Wirklichkeit. Braunschweig 1985

Kant, Immanuel: Kritik der reinen Vernunft. Stuttgart 1966

Luhman, N.: Soziale Systeme: Grundriß einer allgemeinen Theorie. Frankfurt a.M. 1984

Sellvini-Pallazoli: Paradoxon und Gegenparadoxon. Stuttgart 1991

Printed by Libri Plureos GmbH
in Hamburg, Germany